홈메이드
효소발효액
20가지

명품 발효

크레파스북

홈메이드
효소발효액
20가지

명품
발효

명품 발효

홈메이드 효소발효액 20가지

초판 1쇄 발행 2017년 9월 13일

지은이 김병열, 이보은 **펴낸곳** 크레파스북 **펴낸이** 장미옥 **기획·정리** 표수재 **디자인** 디자인크레파스
출판등록 2017년 8월 23일 제2017-000063호 **주소** 서울시 용산구 새창로 70 상가동 204호
전화 02-2267-0663   **팩스** 02-2285-0670   **이메일** crepas_book@naver.com
인스타그램 www.instagram.com/crepas_book   **페이스북** www.facebook.com/CrepasBook

ISBN 979-11-961828-0-9 정가 16,000원
ⓒ 김병열, 이보은, 2017

이 책은 저작권법에 따라 보호받는 저작물이므로 무단 전재와 무단 복제를 금지하며,
이 책 내용의 전부 또는 일부를 이용하려면 반드시 저작권자와 크레파스북의 서면동의를 받아야 합니다.
잘못된 책은 구입하신 서점에서 바꿔 드립니다.

이 도서의 국립중앙도서관 출판예정도서목록(CIP)은 서지정보유통
지원시스템 홈페이지(http://seoji.nl.go.kr)와 국가자료공동목록
시스템(http://www.nl.go.kr/kolisnet)에서 이용하실 수 있습니다.
(CIP제어번호 : CIP2017023047)

명품 발효

소재 고유의 영양과 맛을
발효액으로 녹이다

효소발효연구원 종려나무70 대표 **김 병 열**

이 책을 읽고 발효액 담그기를 직접 해보시는 분들이 가장 먼저 알아두셔야 할 것이 있습니다. 바로 미생물과 효소와 발효는 다르다는 점이고 발효액은 약이 아니라 음식이라는 점입니다. 제가 발효 강의를 할 때 제일 많이 받는 질문이었습니다.

요리사가 조리도구를 이용해서 음식을 만들잖아요. 여기서 요리사가 미생물이고 조리도구는 효소이며 완성된 음식이 발효식품입니다. 즉 미생물이 효소를 이용해서 발효를 하는 것이죠. 효소는 단지 물질에 불과합니다. 이런 점을 정확히 알고 이 책을 읽는다면 발효액을 담그는 과정을 조금은 쉽게 이해할 수 있을 거예요.

발효액을 포함한 발효식품의 가장 큰 장점은 신진대사에 필요한 성분을 손쉽게 섭취할 수 있다는 것입니다. 과일이나 채소를 생으로 먹어도 식품 고유의 성분을 섭취할 수는 있지만 그 양이 많지 않습니다. 그런데 발효과정을 거치게 되면 재료의 다양한 성분이 몸에 흡수되기 좋게 분해되어 섭취량이 더 많아지는 것이죠.

이번 책을 보고 많은 사람들이 발효식품을 직접 담그고 활용하면서 건강한 식이습관을 갖게 되기를 바랍니다.

Prologue

발효액의 영양과 맛을
요리 한 그릇에 담다

요리연구가 **이 보 은**

요리를 만든다는 것은 영양은 물론 맛도 중요합니다. 김병열 선생님의 발효액은 영양과 맛이 머릿속에 여운이 남을 정도로 좋았어요. 그런데 레시피를 구성할 때는 조금 어려웠습니다. 발효액은 청과 달리 단맛만 있는 게 아니라 신맛과 떫은맛 등 소재 본연의 맛이 그대로 들어있기 때문이었죠. 즉 '발효액은 ○○맛'이라고 단순히 정의 내릴 수 없어서 적정 사용량을 가늠해서 요리에 녹여내는 게 까다로웠어요.

이번 책을 집필하면서 중점을 뒀던 부분이 이런 점이었습니다. 발효액을 요리에 접목시켰을 때 주재료의 맛을 해치지 않으면서 영양을 살릴 수 있는 방법을 찾는 게 포인트였죠. 그래서 김병열 선생님의 발효액 만들기 방법대로 직접 만들어 보기도 했습니다. 그러면서 발효액에 대해 많은 공부를 하게 되어 저에게도 뜻 깊은 시간이었습니다. 그동안 제가 알고 있던 발효액에 대한 지식이 수박겉핥기였구나, 란 생각이 들기도 했죠.

이 책을 통해 효소와 발효 그리고 발효액에 대한 좋은 정보를 많은 사람들이 공유했으면 좋겠습니다. 더불어 발효액을 요리에 활용하는 것에도 앞으로 많이 관심을 가져주길 바랍니다.

Contents

Prologue

소재 고유의 영양과 맛을 발효액으로 녹이다   006
발효액의 영양과 맛을 요리 한 그릇에 담다   008

Information Enzyme 효소에 대한 모든 것

신진대사의 핵심, 효소   015
미생물이 발효할 때 사용하는 도구, 효소   017
색과 맛에서 찾다 파이토케미컬   018
효소발효액 담그기 전에 알아둘 것   020

Chapter 1. 과일발효액 담그기

01 24개 아미노산 골고루 함유 • 오디   024
    🍲 현미오디액수프   028
02 석류보다 8배나 많은 에스트로겐 • 복분자   030
    🍲 복분자딥소스와 치아바타   034
03 피로회복과 해독작용 우수 • 매실   036
    🍲 가자미찜   040
04 빈혈과 골다공증 예방에 효과 • 포도   042
    🍲 연근모듬깨무침   046
05 피부미인 만들어주는 펙틴 함유 • 사과   048
    🍲 대추 넣은 떡갈비   054
06 항산화효과가 뛰어난 리그난 풍부 • 오미자   056
    🍲 가지소박이   060

07 심장질환과 뇌졸중 위험 감소 • **자두** 062
   🍲 돼지목살스테이크 066
   🍲 리코타치즈 올린 모닝샐러드 068
08 예비 엄마한테 꼭 필요한 엽산 풍부 • **참다래** 070
   🍲 브로콜리 붉은피망 주스 074

   조청만들기 076

Chapter 2 채소발효액 담그기

09 간을 튼튼하게 해주는 황화알릴 풍부 • **부추** 080
   🍲 장어꽈리고추볶음 084
10 피를 맑게 해주는 알리신이 한가득 • **마늘** 086
   🍲 콩조림 090
11 신진대사를 원활하게 해주는 퀘르세틴 풍부 • **양파** 092
   🍲 고기모듬채소잡채 096
12 항산화, 항암 작용이 뛰어난 리코펜이 한가득 • **토마토** 098
   🍲 새우살오이샐러드 102
13 소화효소인 디아스타제 다량 함유 • **무** 104
   🍲 표고버섯채견과류조림 108
14 미세먼지 배출이 탁월한 사포닌 덩어리 • **도라지** 110
   🍲 된장삼계죽 114
15 우리 몸의 온도를 올려주는 진저롤 함유 • **생강** 116
   🍲 데친안심우엉버무리 120

Contents

16　대장운동을 도와주는 얄라핀 풍부 • **고구마**　　　122
　　🍲 양배추김치　　　126

17　교감신경을 활성시켜주는 캡사이신 풍부 • **고추**　　　128
　　🍲 말린 문어조림　　　132

18　항암, 항고혈압 작용이 뛰어난 렌티난 함유 • **표고**　　　134
　　🍲 도라지나물볶음　　　138

19　콜레스테롤 낮춰주는 레시틴 함유 • **늙은호박**　　　140
　　🍲 컬러채소온샐러드　　　144

20　간 기능 개선에 독보적인 염소로 구성 • **비트**　　　146
　　🍲 비트발효액으로 만든 에이드　　　150

　　발효액 올바르게 보관하고 마시는 방법　　　152

Chapter 3. 몸이 건강해지는 발효음료 이야기

독특한 풍미의 **발효커피**　　　156

발효식품의 제왕, **천연발효식초**　　　170

Epilogue　　　182

자연의 좋은 재료에 시간과 정성을 들여

올바른 방법으로 발효시킬 때

비로소 명품 효소발효액이 만들어질 수 있다.

신진대사의 핵심, 효소

불치이병 치미병(不治已病 治未病)이라는 말이 있다. 이미 병이 난 후에 치료하려 하지 말고 병이 나기 전에 다스리라는 뜻이다. 이는 동의보감의 저자 허준 선생이 예방을 중시했던 것과도 일맥상통한다. 그럼 질병을 예방하는 효과적인 방법은 무엇일까? 식생활 습관을 바꾸면 된다. 지금은 잘 '못먹어서' 병에 걸리는 것보다 '잘못' 먹어서 병에 걸리는 사람이 더 많다. 인스턴트, 패스트푸드 등 빠르고 간편하지만 칼로리와 맛만 있는 음식을 먹기 때문이다.

● 사람의 소화과정을 살펴보자

음식이 입에 들어가면 침이 1차로 음식을 분해하고, 식도를 타고 내려가 위장과 소장을 거치는 동안 각기 다른 소화효소가 작용하여 음식물을 세포가 흡수할 수 있는 크기의 입자로 분해한다. 분해된 입자가 세포 곳곳으로 이동돼 에너지로 쓰인다. 그리고 이 소화과정에서 생기는 노폐물이나 독소도 효소가 분해해 몸 밖으로 다시 배출시킨다.

- 저작작용과 침이 1차로 음식 분해
- 소화효소에 의해 위와 장에서 세포가 흡수할 수 있는 크기의 입자로 음식물 분해
- 소화과정에서 생긴 노폐물이나 독소를 분해해 배출

이처럼 우리 몸이 몸 밖으로부터 섭취한 음식물을 몸 안에서 분해, 합성하여 생체 구성과 생명 활동에 쓰이는 물질이나 에너지를 생성하고 필요하지 않은 물질들을 몸 밖으로 내보내는 작용을 '신진대사'라고 한다. 만약 신진대사가 원활하지 않으면 면역력이 떨어지게 되고 비만, 고혈압, 당뇨, 이상지질혈증 등 각종 성인병과 심혈관계 질환에 취약한 상태가 된다. 이러한 신진대사에서 핵심적인 역할을 하는 것이 효소이다.

효소는 인체 기능에서 가장 기본이 되는 소화 작용에 관여하며 에너지를 생성한다. 즉 효소가 부족하면 음식의 소화와 신진대사 기능의 저하로 노폐물을 몸 밖으로 내보내는 것조차 힘들게 되는 것이다. 그런데 사람은 나이가 들면서 점차 효소 생성 기능의 쇠퇴로 소화능력이 낮아지게 된다. 또한 생활습관과 섭취하는 식품에 따라서 효소를 낭비하게 된다. 그러므로 발효식품 섭취로 소화기능을 증진하고 체내 효소의 낭비를 막는 건강식이 습관이 중요하다.

미생물이 발효할 때 사용하는 도구, 효소

살아있는 세포의 필수 요소로 생명을 지탱하고 결정하는 효소는 활성(activity)을 지닌 단백질(아미노산)로 미생물이 아니라 미생물이 발효를 위해 사용하는 도구이다. 즉 미생물은 효소라는 도구가 없으면 발효를 진행하지 못하고, 미생물 없이 효소 자체만으로는 발효를 진행할 수 없다. 그리고 미생물 중 유익한 미생물(유익균)이 발효과정을 주도해야 건강한 발효식품을 만들 수 있다. 만약 해로운 미생물(유해균)이 발효과정을 주도하면 이는 부패로 나타난다. 발효와 부패는 미생물 점유의 우점화 차이이 따른 결과로 그 경계가 다소 모호하다. 그저 먹을 수 없는 결과로 진행되는 이상발효를 우리는 부패라고 이해하면 된다.

정상적인 발효식품의 맛과 저장성을 위해서는 일정 농도의 매질을 사용하여 유익균이 우점화된 환경에서 발효과정이 유지되도록 하는 노력이 필요하다. 유익균과 유해균의 우점화는 매질(설탕, 소금) 농도에 대한 저항성(내당도, 내염도)에 의해 결정되며 유해균보다 유익균의 저항성이 강해 상당한 농도까지 견딜 수 있는 생존력을 갖고 있다. 예를 들어 설탕을 매질로 사용할 때 유익균에 의해 발효가 이루어지고 저장성이 유지되는 설탕 사용량 기준 당도는 약 50brix 정도로 대부분의 유해균은 견디기 어렵다. 하지만 당도가 일정 수치를 초과하면 유익균 역시 사멸해버려 발효가 이루어지는 게 아니라 설탕절임식품이 된다. 따라서 소재와 설탕의 비율을 1:1로 고집하지 말고 적정 당도를 얻기 위한 소재별 기준 설탕량을 계량하여 발효시키는 것이 명품 효소발효액의 비법이라 할 수 있다.

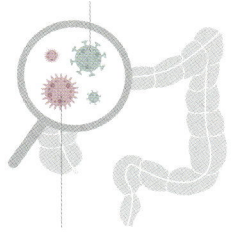

유익균이 효소로 발효하면
건강한 발효식품 탄생

유해균이 효소로 발효하면
부패한 발효식품 탄생

색과 맛에서 찾다
● **파이토케미컬**

과일이나 채소와 같은 식물은 저마다 고유의 색을 갖고 있다. 빨강, 노랑, 초록, 보라, 하양 등 그 색깔도 다양하다. 이런 고유의 색은 어떻게 생겨난 것일까?

모든 식물은 움직일 수 없으므로 자연의 외부환경과 자외선으로부터 자기를 보호하기 위한 파이토케미컬이라는 식물성 생리활성물질을 갖고 있는데 일종의 자기보호물질이다. 이 물질은 강한 항산화력을 가지고 있으며 섭취 시 우리 몸 속에서 색깔에 따라 다양한 효능을 발휘한다.

식물은 색 외에도 맛에 따라 그 효능이 구분되는데 식품에 함유된 다섯 가지 맛은 신맛, 쓴맛, 짠맛, 단맛, 매운맛으로 인체의 오장육부와 유기적인 상관성을 이루어 약미작용*을 하게 된다. 이들 고유의 맛은 **찬 성질**(신맛, 쓴맛, 짠맛)과 **따뜻한 성질**(단맛, 매운맛)로 크게 구분되므로 필요에 따라 자신의 체질에 맞는 식물을 선택해서 발효액을 만들어 먹기를 권한다.

*약미작용 : 식물의 성미에 따른 약리성으로 약미에 따라 사람의 체질별, 부위별 약리작용이 다르게 나타난다.

• 다섯 가지 색에 담긴 파이토케미컬

색깔	기능	식품
보라색	항산화제, 발암물질해독 등	가지, 붉은 양배추, 블루베리, 자두, 포도 등
흰색	발암물질해독, 암생성과 발달 저해, 세포자살 유도	도라지, 마늘, 무, 부추, 양파, 콩나물, 배, 백도 등
빨간색	항산화제, 발암물질해독, 암생성과 발달 저해, 돌연변이 발생 억제	강낭콩, 붉은 양배추, 붉은 양파, 팥, 딸기, 사과, 수박, 토마토 등
노란색	항산화제, 암생성과 발달 저해	당근, 호박, 귤, 배, 복숭아, 레몬, 살구, 오렌지, 파인애플 등
초록색	항산화제, 암생성과 발달 저해 돌연변이 발생 억제	겨자, 근대, 무, 브로콜리, 상추, 시금치, 양배추, 콜리플라워, 케일, 멜론, 키위 등

• 다섯 가지 맛에 담긴 파이토케미컬

맛	오장 육부	기능	식품
신맛 (음)	간장, 담장	기운을 북돋워서 흩어지고 빠져나가는 것을 제자리에 모아준다.	오미자, 산수유, 매실, 레몬, 오렌지, 대추, 살구, 귤, 딸기, 포도, 모과, 사과, 앵두, 유자, 파인애플, 자두, 보리, 부추, 깻잎 등
쓴맛 (음)	심장, 소장	열과 혈압을 내리고 해독하는 작용으로 심 장과 소장의 기능을 단단하게 한다.	은행, 자몽, 근대, 냉이, 쑥, 씀바귀, 샐러리, 익모초, 취나물, 영지, 더덕, 도라지, 수수 등
단맛 (양)	비장, 위장	인체의 기능을 보하며 부드럽게 이완시키는 작용을 한다.	기장, 호박, 감, 대추, 고구마, 갈근, 연근, 마, 맥문동, 인삼, 감초, 두충, 황기, 황정, 구기자, 당귀, 진피, 시금치, 미나리, 우엉, 참외, 꿀, 포도 등
매운맛 (양)	폐장, 대장	땀이 나게 하고 차가운 기운을 몰아내며 발 열하여 폐와 대장을 도와 처져있는 기(氣) 와 혈(血)을 잘 돌게 한다.	무, 양파, 고추, 후추, 울금, 생강, 복숭아, 배, 파, 마늘, 달래, 피망, 배추, 천마, 계피 등
짠맛 (음)	신장, 방광	굳은 것을 부드럽게 하는 작용으로 신장과 방광의 기능을 도와주지만 과식하면 혈액점 도가 높아져 혈액순환을 저해한다.	서목태, 밤, 해조류(미역, 다시마, 김, 파래), 곤포, 된장, 두부, 치즈, 마, 망초, 함초, 보리 등

Information Enzyme

효소발효액 담그기 전에 **알아둘 것**

● 발효용기는 '항아리'
발효에는 항아리(옹기)를 사용하는 것이 가장 좋다. 항아리는 원적외선 방사와 축열효과, 통기성을 고려했을 때 가장 적합하기 때문이다. 만약 항아리가 없다면 유리병, 세라믹코팅 플라스틱을 사용해도 된다. 벌레가 유입되지 않고 통기 상태가 유지되도록 한지(순지)로 입구 부분을 덮어준다.

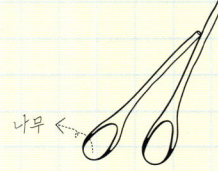

● 소재와 설탕을 섞어줄 때는 '나무주걱'
용기 내부의 소재가 설탕에 잘 버무려져 삼투와 발효가 잘 이루어지도록 상하좌우로 저어주며 섞어주어야 한다. 이때 균의 사멸을 방지하기 위해서는 나무주걱을 이용하는 게 좋다.

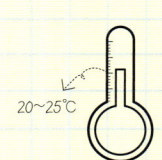

● 보관온도는 20~25℃ 상온 유지
온도는 미생물이 자라는데 있어 중요 요인 중 하나다. 온도가 높으면 변질되고 미생물이 사멸할 수 있으므로 뙤약볕이 아닌 통풍이 원활한 그늘이 좋다. 소재를 분리하기 전까지는 20~25℃의 상온상태가 좋으며 소재를 분리한 후에는 15℃의 저온상태가 유리하다. 소재 분리 후의 온도를 맞춰주기 어렵다면 상온으로 유지해도 무방하다.

● 설탕은 '백설탕', 소금은 '천일염'
사탕수수 원당을 정제하면 백설탕이 만들어진다. 백설탕 정제 후에 남은 것을 재가공처리한 것이 황설탕과 흑설탕이다. 발효액을 만들 때에는 제일 먼저 정제한 백설탕을 넣어야 소재 고유의 맛과 색을 살릴 수 있다.
소금은 설탕에 부족한 무기질을 보충함으로써 미생물의 세포 밖에서 이루어

지는 효소 생성에 필요한 무기염류를 제공해 효소의 활성상태를 유도한다. 이때 사용하는 소금은 정제염이 아닌 천일염이어야 한다.

● 소재가 떠오르면 골고루 **섞어주기**(교반)

설탕이 녹기 시작하면 소재가 발효액 위로 떠오르게 된다. 이 상태가 계속 유지되면 소재 표면에 뜸팡이가 발생하거나 소재의 중간 부분에서 알코올 발효 등 이상발효가 나타날 수 있으므로 소재가 발효액에 푹 젖을 수 있도록 상하좌우로 섞어주고 용기 바닥에 녹지 않고 가라앉은 설탕이 없게 한다.

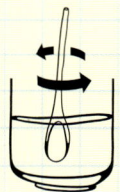

● **거품이 생기는 것**은 발효가 된다는 것

설탕이 녹으면서 빠른 삼투현상과 함께 발효가 진행되는데 이때 거품이 발생한다. 거품은 효소발효에 의한 미생물 증식과정을 나타내는 것으로 정상적인 발효 진행 과정이다. 발효액과 소재를 분리한 뒤에도 거품은 발생할 수 있으며 이때는 잘 섞어주면 된다. 자주 저어주지 않아 거품 색이 붉어졌으면 이는 산화된 것이므로 산화된 거품은 걷어낸 뒤 다시 잘 섞어준다.

발효OK!!

● 발효액은 3개월 후부터 6개월 이내 **마시기**

발효과정에서 이당류의 설탕이 단당인 과당과 포도당으로 분해되는데 걸리는 시간은 보통 3개월이다. 따라서 분해가 완료되는 시점인 3개월 후부터 마실 수 있다. 시간이 지나면 신맛이 나는데 이는 유기산에 의한 것이므로 해롭지 않다. 숙성기간이 길어지면 신맛이 줄어들고 소재 고유의 풍미효과를 느낄 수 있게 된다. 단 발효액을 묵혀두면 효소의 활성과 파이토케미컬이 사라지게 되므로 6개월, 늦어도 1년 이내에 모두 마시기를 권한다.

3개월 후부터 6개월 이내

Chapter 1.
과일발효액 담그기

과일의 하우스재배가 보편화 되면서 한겨울에도 수박을
먹을 수 있는 시대다. 하지만 자연의 힘으로 제때 자란 과일만큼
맛있거나 영양이 높진 않다. 제철과일의 맛과 영양을
그대로 간직한 채 사계절 내내 먹을 수 있는
과일발효액에 대해 알아보자.

24개 아미노산 골고루 함유
오디

오들개, 상실(桑實) Black mulberry

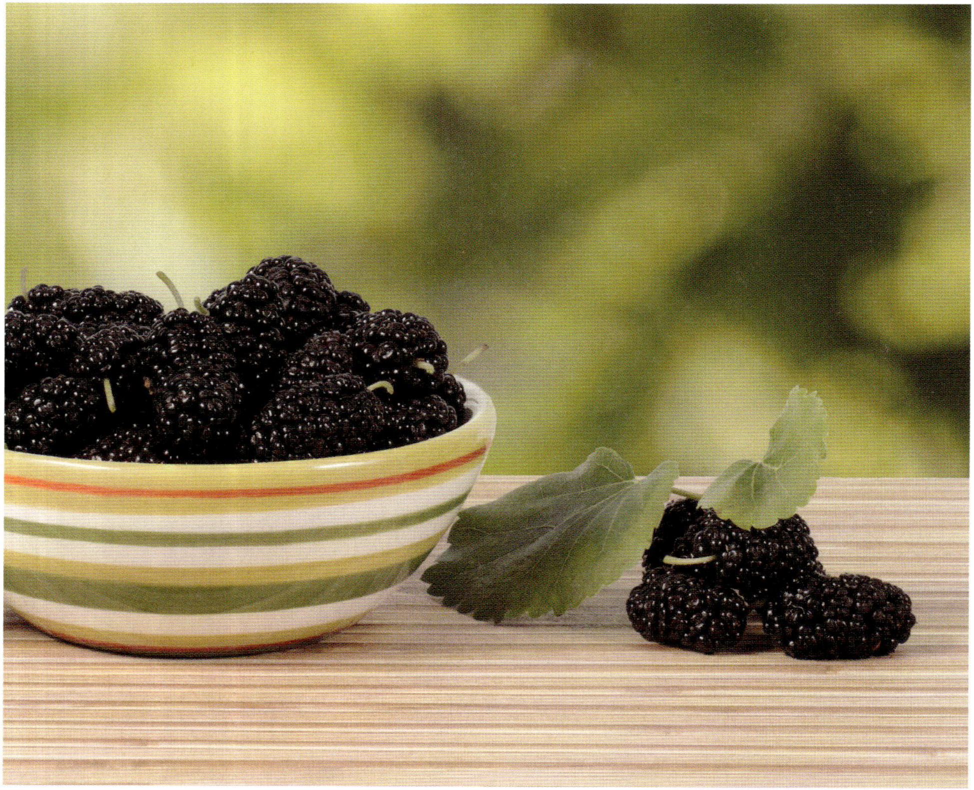

● **이런 분에게 좋아요!**

많은 사람들이 나이가 들면서 꼬박꼬박 챙겨 먹는 게 있죠? 바로 고혈압약입니다. 혈압이 높은 상태가 지속되면 심장발작, 뇌졸중과 같은 합병증이 발병할 위험이 높은데요. 오디에는 혈압과 혈류에 도움이 되는 성분이 들어 있습니다. 오디발효액 먹고 혈압 걱정은 그만하세요!

열매는 물론 잎과 가지, 뿌리까지 약용식물로 쓰여요

뽕나무는 양잠에서 누에의 먹이로 잎을 제공하고 열매와 뿌리, 가지는 약용식물로 쓰이며 나무줄기는 젓가락이나 지팡이로 만들어 사용하는 등 모두 다 쓰임이 있다. 특히 뽕나무의 열매인 오디는 강장제로 알려져 있는데, 6월이 되면 검정빛을 띤 자주색으로 익는다.

● **오디의 성분과 효능은 무엇일까?**

뽕잎을 누에가 먹어서 고치를 만들 수 있을 정도로 뽕나무의 잎과 열매인 오디에는 콩만큼이나 단백질이 많은 식품이다. 단백질은 아미노산으로 구성되어 있는데 오디에는 그 종류가 24가지나 들어 있다. 그중 하나인 아스파라긴산은 알코올 분해 능력이 탁월해 숙취해소에 좋다. 또 다른 성분인 가바는 혈압저하, 이뇨작용, 신경안정, 뇌혈류 개선 등의 효과가 있으며 호르몬 불균형에도 도움이 된다. 오디의 레스베라트롤 양은 포도의 156배, 땅콩의 780배에 달한다. 레스베라트롤은 항산화 물질로 유해 활성산소를 제거해 정상세포의 변이와 암세포 성장 억제 및 예방에 도움이 되며 산화스트레스로부터 간을 보호하는 역할도 겸하고 있다.

오디의 성분 중 플라노보이드도 빼놓을 수 없다. 이는 모세혈관 강화작용과 수축작용을 하며 순환계질환, 고혈압 치료의 보조 성분으로 이용되는데, 열매뿐만 아니라 잎에도 많이 있는 성분이다.

다만 오디는 약간 서늘한 성질을 갖고 있기 때문에 몸이 차거나 위장 장애가 있는 사람은 설사, 복통 등을 겪을 수 있으므로 유의한다.

오디발효액 만들기

담금시기
5월 중순 ~ 6월 초

 황금비율 | 오디 : 설탕 = 100% : 60%

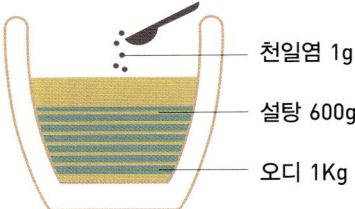

천일염 1g
설탕 600g
오디 1Kg

- 냉동오디를 사용할 경우 오디와 설탕을 함께 버무린 후, 상온상태에서 자연해동되도록 두어 발효시킨다.
- 뽕잎을 이용해서 발효액을 만들 때에는 채취시기에 따라 가수량과 설탕량이 달라진다.
  - 5월 뽕잎 1Kg+생수 200g (소재 무게의 20%) : 설탕 900g (총 무게의 75%)
  - 10월 뽕잎 1Kg+생수 500g (소재 무게의 50%) : 설탕 1275g (총 무게의 85%)

고르기

1. 오디는 잘 익은 5월 중순부터 6월 초에 직접 채취한 것
2. 너무 익어서 물러진 것보다 조직이 단단하면서도 당도가 있는 것

 오디를 물에 담근 채 씻으면 오디의 과즙과 색소 물질이 대량 빠져 나가므로 가볍게 빨리 씻어야 한다. 만약 오디 상태가 양호하다면 그대로 사용하는 것이 좋다.

 담그기

1. 오디는 흐르는 물에 헹구듯이 가볍게 씻은 뒤 채반에 받쳐 물기를 빼낸다.
2. 설탕은 10%, 20%, 70%로 구분해 둔다.
3. 설탕 10%를 먼저 항아리 바닥에 깔고 오디와 70%의 설탕을 교대로 담

는다. 남은 20%의 설탕은 이불처럼 덮어준 뒤 천일염을 첨가한다.

4. 항아리의 입구를 한지로 덮은 뒤 묶어주고 뚜껑을 닫아 통풍이 잘 되고 그늘진 곳에 보관한다.

❂ 알코올 발효

효소발효 과정에서 소재가 떠오르면 발효액이 산소와 차단된다. 이렇게 산소가 없는 상태에서는 미생물이 당류를 알코올과 이산화탄소로 분해한다. 이것을 알코올 발효라고 한다.

발효 및 발효액 분리

1. **담금일 기준 2~3일 정도** 지나면 삼투현상에 의해 오디의 짙은 자주색 즙액이 추출되면서 발효기포가 발생한다.
2. 항아리 바닥에 가라앉은 설탕이 모두 녹을 수 있도록 자주 섞어준다. 이 과정을 소홀히 하면 알코올 발효가 진행되므로 유의한다.
3. 발효과정을 관찰하여 삼투현상이 충분히 이루어졌다고 판단되면 건지를 분리하고 발효액만 발효시키는 것이 유리하다. 분리시기는 **담금일 기준 7일 내외**가 적당하다. 분리시기를 놓치면 알코올 발효가 나타날 수 있다.
4. **분리일 기준 7일 이내, 14일 이내, 21일 이내, 30일 이내**에 한 번 이상씩 섞어주어 발효액의 당도를 일정하게 유지시킨다.
5. **담금일 기준 3개월**이 지나면 마실 수 있는데 이때 다른 발효액과 함께 식초를 첨가하여 마시면 독특한 풍미효과를 얻을 수 있다.

오디와 설탕을 교대로 넣는다.

설탕이불 위에 천일염을 첨가한다.

설탕이불의 표면이 녹기 시작하면 오디와 설탕을 잘 섞어준다.

오디와 설탕을 섞어줄 때는 나무주걱을 이용한다.

PLUS COOK

오디발효액으로 건강을 더하다
현미오디액수프

재료

현미 1컵
흰콩 1/4컵
뽕잎차 우린 물 4컵
오디발효액 3큰술
소금 약간

건강한 식습관의 필요성이 커지면서 흰쌀밥 대신 현미밥을 먹는 사람들이 많아졌다. 현미는 백미에 비해 비타민, 지방, 철, 식이섬유 등의 함량이 더 많기 때문에 변비 예방은 물론 유해물질 배출에도 도움이 된다. 여기에 이뇨작용을 도와주는 오디발효액을 더하면 내장 건강도 챙길 수 있다.

 만드는법

1. 뽕잎차를 따끈한 물에 우려내 4컵을 만든다.
2. 흰콩을 충분하게 물에 불린 후에 중불에서 15분 정도 삶는다.
3. 2의 흰콩을 찬물에 헹궈 껍질을 벗긴 뒤 체에 밭쳐 물기를 제거한다.
4. 3의 흰콩과 뽕잎차 우린 물 1컵을 믹서에 넣어 곱게 간다.
5. 현미는 흐르는 물에 살짝 씻은 뒤 팬에 넣고 다갈색이 될 때까지 볶는다.
6. 냄비에 4의 흰콩과 5의 현미를 모두 부은 뒤 뽕잎차 우린 물 3컵을 붓고 약한 불에서 15분 정도 은근하게 끓여 스프를 만든다.
7. 스프가 다 끓으면 마지막에 오디발효액을 넣는다.
8. 그릇에 알맞게 담고 소금 간을 하면 완성이다.

✪ **흰콩 구입요령**
색이 노랗고 윤기가 많이 나며 동글동글한 타원형인 것이 좋다. 너무 마르거나 색이 어두운 것은 구입하지 않는다.

석류보다 8배나 많은 에스트로겐
복분자

Rubus coreanus/Korean bramble

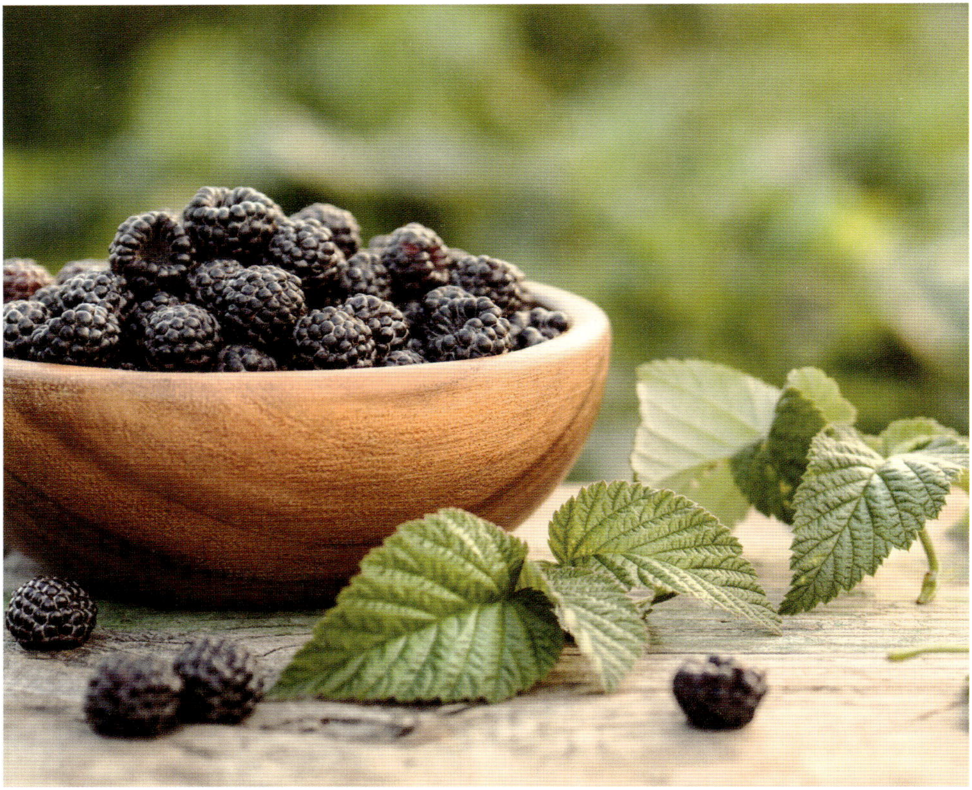

● 이런 분에게 좋아요!

여성뿐만 아니라 남성 갱년기도 주목을 받고 있죠? 이는 모두 호르몬 영향 때문인데요. 복분자에는 에스트로겐 성분이 있어서 중년의 남성과 여성 모두에게 도움이 됩니다. 골다공증 예방, 탈모치료에도 효능이 있는 복분자발효액 먹고 중년의 건강을 지키세요!

남성과 여성의
갱년기 예방에 탁월해요

옛날에 신혼부부가 살고 있었다. 하루는 남편이 이웃마을에서 볼 일을 보고 돌아오는데 길을 잃어 산속을 헤매다 덜 익은 산딸기를 먹고 집으로 돌아왔다. 다음날 아침 남편이 소변을 봤는데 소변줄기가 너무 힘이 세서 요강이 뒤집어지고 말았다. 그래서 이 과일에 '뒤집어질 복(覆)'에 '항아리 분(盆)'을 합해 복분자라는 이름을 붙였다.

● **복분자의 성분과 효능은 무엇일까?**

복분자의 주요 성분은 탄수화물로 이중 펙틴은 장내 이상발효 억제와 콜레스테롤을 저하시켜 동맥경화, 비만 예방에 효과적이다. 복분자에는 비타민A와 B, C, E가 함유되어 있는데 비타민B와 타닌 성분이 노폐물 배출, 미백, 모공축소 기능을 한다. 그리고 비타민E는 말초혈관을 넓히고 혈행을 원활하게 하며 비타민A와 안토시아닌이 망막세포의 색소단백질 로돕신의 재생을 촉진해 눈의 피로회복, 안구건조증, 야맹증, 시력개선에 도움을 준다. 석류의 8배나 되는 에스트로겐 성분이 갱년기 여성들의 안면홍조와 우울증에 도움이 되며 체온을 높여 불임을 예방한다. 그리고 남성의 정력 강화에도 도움을 주는데 스타키드린과 아르긴산 성분은 중년 남성의 전립선 비대증 예방효과에 탁월하다.

복분자는 다양한 효능이 있지만 수확기가 2주일 남짓이고 저장성이 없어 시기를 놓치면 먹기 힘들다는 단점이 있다. 복분자발효액을 만들어 먹으면 계절에 관계없이 약리성을 더한 풍미효과를 얻을 수 있다.

복분자발효액 만들기

담금시기
5월 말 ~ 6월 중순

 황금비율 | 복분자 : 설탕 = 100% : 75%

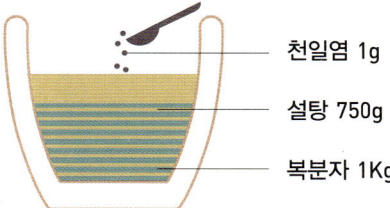

- 천일염 1g
- 설탕 750g
- 복분자 1Kg

• 냉동 복분자를 사용할 경우 복분자와 설탕을 함께 버무린 후, 상온 상태에서 자연 해동 되도록 두어 발효시킨다.

고르기

1. 5월 말~6월 중순에 수확한 것으로 알이 굵고 탱글탱글하게 탄력이 있는 것
2. 복분자는 익을수록 빨간색에서 짙은 보라색으로 변하는데 완전히 검게 익은 것보다 약간 붉은 빛을 띠는 것

담그기

1. 완숙 또는 과숙된 복분자는 세척할 때 과육과 과즙 손실이 되고 표면의 자체 미생물을 보존할 수 없으므로 씻지 않는다.
2. 설탕을 20%와 80%로 나눈다.
3. 복분자와 설탕 80%를 교대로 쌓듯이 항아리에 담고 20%의 설탕을 마지막에 이불로 덮어준 뒤 천일염을 넣는다.

4. 항아리의 입구를 한지로 덮은 뒤 묶어주고 뚜껑을 닫아 통풍이 잘 되고 그늘진 곳에 보관한다.

발효 및 발효액 분리

1. 복분자는 삼투현상과 발효가 빠르게 진행되므로 **담금 당일**부터 복분자와 설탕을 수시로 섞어주어 항아리 내의 당도가 균일하게 유지되도록 한다.
2. 담금일 기준 3일이 지나면 섞여 있던 복분자가 발효액과 분리되어 떠오르고 가스와 거품이 발생한다.
3. 담금일 기준 7일쯤 됐을 때 복분자와 발효액을 분리한다.
4. 분리일 기준 7일 이내, 14일 이내, 21일 이내, 30일 이내에 한 번 이상씩 섞어주어 발효액의 당도를 일정하게 유지시킨다.
5. 담금일 기준 3개월 후부터 마실 수 있다.

> • **침지상태 유지**
> 복분자를 분리하지 않고 침지상태에서 필요할 때마다 꺼내 사용할 수 있다. 단 수시로 섞어주지 않으면 건지와 발효액의 경계면에서 일부 알코올 발효가 일어나거나 공기에 맞닿은 표면의 건지 부분에서 곰팡이가 발생할 수 있으므로 주의해야 한다.

복분자와 설탕을 교대로 쌓듯이 넣는다.

빠른 삼투 현상으로 담금 당일부터 과즙액이 추출된다.

담금일 기준 3일 후에는 가스와 거품이 발생한다.

복분자와 발효액을 분리한 뒤에도 거품이 발생한다.

PLUS COOK

복분자발효액으로 더 담백하게
복분자딥소스와 치아바타

재료

치아바타(빵) 300g
아보카도 1개

복분자딥소스

복분자발효액 3큰술
무가당요거트 200g

담백한 맛의 치아바타는 단맛이 너무 강한 잼이나 소스와 함께 먹으면 빵 고유의 맛을 느끼는데 방해가 되고 건강에도 좋지 않다. 복분자발효액은 적당한 단맛과 복분자의 상큼한 향이 함께 있어 담백한 빵에 어울리는 소스로 사용하기에 적합하다. 무가당 요거트와 함께 섞어 소스를 만들어 주면 적당한 농도와 맛, 색감까지 만들어 낼 수 있어 좋다.

 만드는법

1. 치아바타 빵은 먹기 좋은 크기로 썬다.
2. 아보카도는 훈숙된 것으로 준비해서 과육만 얄팍하게 슬라이스한다.
3. 무가당요거트에 복분자발효액을 잘 섞어 복분자딥소스를 만든다.
4. 치아바타에 아보카도를 올리고 복분자딥소스를 듬뿍 끼얹는다.

😊 **치아바타**(ciabatta)
인공첨가물을 사용하지 않고 통밀가루, 맥아, 물, 소금 등의 천연 재료만을 사용해 만든 이탈리아 빵이다. 겉은 바삭하고 속은 부드럽고 쫄깃하며 맛은 담백하다.

😊 **아보카도 손질 방법**
아보카도 세로 방향으로 반을 칼집을 넣어 비틀면 반으로 쉽게 갈라진다. 그리고 가운데의 씨를 도려내고 껍질을 벗겨낸다.

피로회복과 해독작용 우수
매실

Japanese apricot(Prunus mume)

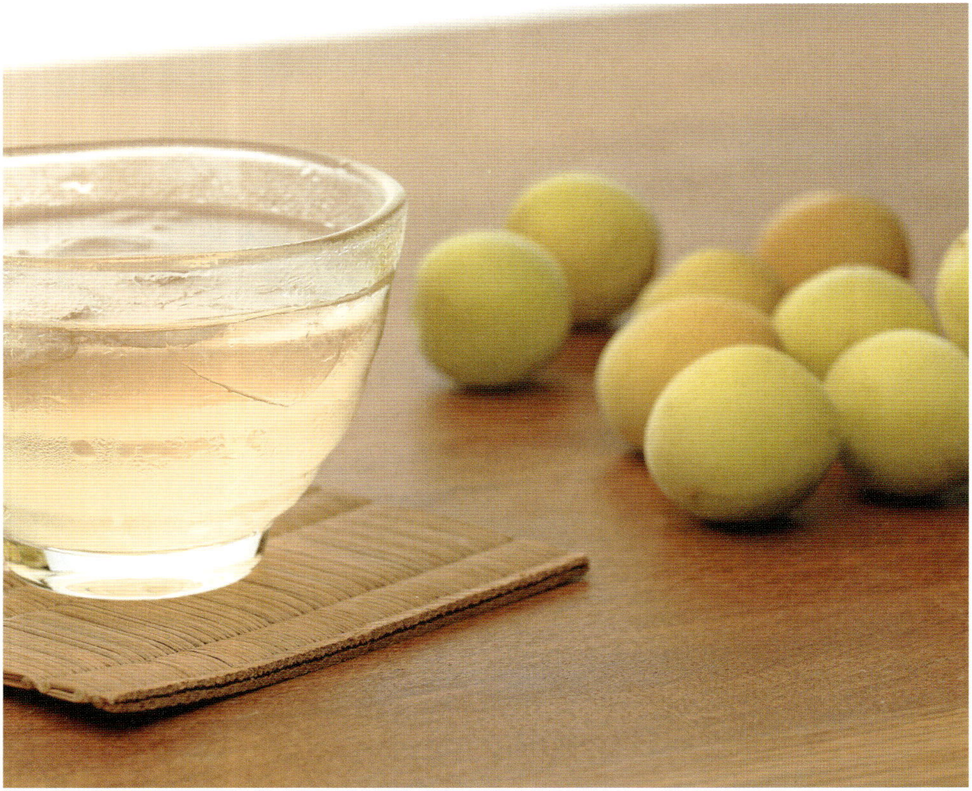

● **이런 분에게 좋아요!**

업무량이 많고 야근이 잦으면 만성피로에 시달리게 됩니다. 그리고 회식이나 모임 등의 술자리를 자주 갖는 사람들은 간 기능이 저하되죠. 만성피로와 간 기능 개선에 도움이 되는 게 바로 매실입니다. 피로와 숙취를 날려버리고 싶다면 매실발효액을 드세요!

이왕이면 구연산 함량이 더 많은 황매를 선택하세요

매실은 다른 과일의 수확이 없는 계절이 제철인데다 맛과 약리성이 우수해 오래 전부터 식용 및 약용으로 쓰였는데 우리 조상들은 주로 오매와 백매, 금매 등으로 가공해 섭취해 왔다. 오매는 덜 익은 매실인 청매를 짚불 연기에 말려 오래 두면 검게 변한 것이고, 백매는 청매를 소금물에 절인 뒤 햇볕에 말린 것으로 표면에 흰 가루가 끼는 게 특징이다. 금매는 청매를 쪄서 말린 것이다.

● **매실의 성분과 효능은 무엇일까?**

매실은 수분 85%, 당분 10%, 유기산 5%로 구성되어 있는데 5%의 유기산이 큰 역할을 한다. 유기산에는 사과산, 구연산(시트르산), 호박산, 주석산, 피루브산 등이 있다. 이중 구연산은 대사작용을 촉진하고 칼슘의 흡수를 도와주며 근육에 누적된 젖산을 분해시켜 피로를 풀어준다. 피루브산은 간장을 보호하고 간 기능을 향상시켜 우리 몸에 있는 독성물질을 해독하는 작용을 한다. 카데킨산은 강한 해독과 살균효과가 있어 장내 유해균의 증식을 억제하며 이상발효와 장염을 예방하고 장의 연동운동을 활성화시켜 변비의 치유를 돕는다.

매실로 발효액을 만들어 먹으면 매실의 다양한 효능을 그대로 흡수할 수 있으며 청매보다 구연산 함량이 약 14배가 많은 황매를 발효액의 소재로 사용하면 약성을 보다 높일 수 있다.

매실발효액 만들기

담금시기
6월 초순 ~ 중순

 황금비율 | 매실 : 설탕 = 100% : 68~72%

천일염 1g
설탕 680~720g
매실(씨앗 무게 포함) 1Kg

- 매실의 본래 당도를 고려하여 설탕의 양을 조절한다.

 **고르기**

1. 6월 초순에서 중순 사이에 수확한 황매
2. 직경 약 4cm 정도 이상의 굵기
3. 깨물었을 때 신맛과 단맛의 어울림 확인
4. 과육이 두껍고 향기가 좋으며 흠이 많지 않은 것

 **담그기**

1. 매실의 꼭지를 떼어내고 과육이 뭉개지거나 상처가 나지 않도록 가볍게 씻은 뒤 체에 밭쳐 물기를 제거한다.
2. 항아리에 물기를 뺀 매실을 담고 그 위에 설탕을 쏟아 붓듯이 모두 부은 뒤 천일염을 마지막으로 추가한다.
3. 항아리의 입구를 한지로 덮은 뒤 묶어주고 뚜껑을 닫아 통풍이 잘 되고 그늘진 곳에 보관한다.

발효 및 발효액 분리

1. 담금일 기준 3~4일이 지나면 매실은 삼투압 현상으로 과즙이 대부분 빠져나간 상태가 된다. 대신 발효과정에서 발생한 가스가 매실에 가득차서 탁구공처럼 발효액 위에 둥둥 떠오르는데, 시간이 지나면 점차 수축된다. 이때 과육이 터져나오지 않도록 누름돌은 사용하지 않는다.

2. 설탕과 매실이 잘 섞이도록 자주 저어줄 때 팽창된 매실이 터지면 발효액이 탁해지므로 조심한다.

3. 담금일 기준 7~10일이 지났을 때 매실은 과육액이 추출되어 껍질이 수축되고 속씨와 눌러붙은 상태가 된다. 이때 매실과 발효액을 분리한다.

4. 분리일 기준 7일 이내, 14일 이내, 21일 이내, 30일 이내에 한 번 이상씩 섞어주어 발효액의 당도를 일정하게 유지시킨다.

5. 담금일 기준 3개월 후부터 마신다. 숙성기간이 길어지면 신맛이 줄고 매실 고유의 풍미효과*를 느낄 수 있다.

   *풍미효과(Flavor Effect) 생산된 효소발효액의 맛과 빛깔, 향이 사용된 본래 소재 고유의 그것을 지닌 상태로 발효된 결과를 의미한다.

매실의 과즙이 추출되면 발효액 위에 매실이 떠오른다.

발효가 진행되면서 가스와 거품이 발생한다.

과즙이 추출되어 껍질이 수축되면 매실과 발효액을 분리한다.

발효액과 분리된 매실은 껍질이 쪼그라들어 씨앗과 밀착된 모양이다.

PLUS COOK

매실발효액으로 탱글탱글한 식감을 즐기다
가자미찜

재료

가자미 1마리
매실발효액 3큰술

양념장

다진 파 1큰술
다진 마늘 1작은술
간장 1큰술
생수 1큰술
참기름 1작은술
깨소금 1큰술
다진 청양고추 1/2작은술

몸통이 납작하고 긴 둥근 모양의 가자미는 우리나라 근해에서 잘 잡히는 어종이다. 가자미의 살코기는 쫄깃하고 단단하여 씹는 감촉이 좋은 데다 비타민B1과 B2가 풍부해 스트레스 완화에 도움이 된다. 가자미를 찜으로 먹을 때 매실발효액을 첨가하면 가자미의 비린 맛을 없애 고소한 맛을 살리면서 탱글탱글한 식감까지 즐길 수 있다.

 만드는법

1. 가자미는 손질 후 채반에 놓고 30분 정도 꾸덕하게 말린다.
2. 가자미 속까지 잘 익을 수 있도록 등쪽에 칼집을 3개 정도 깊게 낸다.
3. 가자미에 매실발효액을 흠씬 바른다.
4. 김이 오른 찜기에 가자미를 넣고 25분 정도 찐다.
5. 가자미를 찌는 동안 양념장을 만든다.
6. 접시에 가자미를 담고 양념장을 얹어 완성한다.

✪ **가자미 손질 요령**

가자미의 앞뒤 비늘을 모두 제거한 뒤 지느러미와 머리를 잘라낸다. 배 부분을 손으로 꾹 눌러 잘라낸 머리쪽으로 내장을 빼낸다.

빈혈과 골다공증 예방에 효과
포도

grape

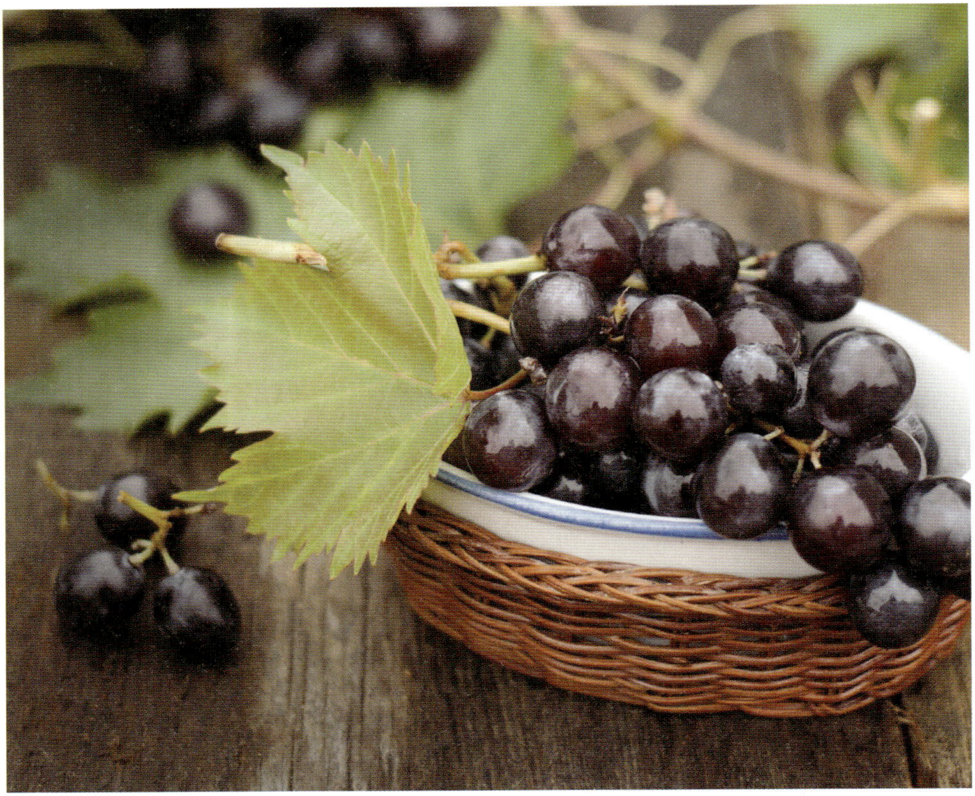

● **이런 분에게 좋아요!**

급격히 피곤해지고 이유 없이 가슴이 두근거리면 덜컥 겁이 날 때가 있습니다. 자신이 큰 병에 걸린 게 아닌가, 라는 걱정 때문인데요. 이때 먹으면 좋은 과일이 항산화 작용이 뛰어나고 성인병 예방에 도움이 되는 포도입니다. 특히 여성들은 빈혈과 골다공증 예방에 효과적이니 포도발효액을 꼭 챙겨 드세요!

껍질의 성분까지
알뜰하게 챙기세요

포도나무는 5월에 꽃이 피고, 9~10월에 열매를 맺는데 품종에 따라 껍질의 색이 자줏빛을 띤 검은색, 홍색빛을 띤 붉은색, 노란빛을 띤 녹색 등으로 다양하다. 포도는 익을수록 당도가 높아지고, 과즙이 풍부해지며, 향도 좋아지기 때문에 일반적으로 생과로 즐겨먹지만 장기간 보관을 원한다면 발효액으로 만들어 먹는 것이 좋다.

● 포도의 성분과 효능은 무엇일까?

세계적인 과학전문지 사이언스지의 보도에 따르면 포도에는 암세포 발생을 차단하는 레스베라트롤(resveratrol) 성분이 많다. 레스베라트롤은 항암 및 강력한 항산화 작용을 하고 콜레스테롤을 낮춰주는 역할을 해 항암과 성인병 예방에 효과적이다. 또 포도의 식물성 색소인 플라보노이드 성분은 혈전 생성을 억제해 심장병 예방에 도움이 된다. 이들은 모두 폴리페놀의 일종으로 항산화 능력이 커서 항암작용과 동맥경화 예방, 노화방지에 좋다. 포도의 주성분은 탄수화물인데 그 대부분은 당분이며 포도당과 과당으로 구성되어 있다. 이는 세포에 빠르게 흡수되어 피로회복에 좋은 효과를 보인다. 포도의 껍질에 풍부하게 들어 있는 펙틴과 타닌은 장운동을 증진시키고 간을 정화하며 신장기능을 돕는 등 다양한 효능을 갖고 있어, 포도는 껍질까지 버릴 게 없는 건강한 식품이다.

포도로 발효액을 담글 때 씨 없는 포도는 지양하는 게 좋으며, 안토시아닌이 풍부한 흑색계 품종인 캠벨얼리를 권한다.

포도발효액 만들기

담금시기
8월 ~ 9월 초

 황금비율 | 포도 : 설탕 = 100% : 60~62%

천일염 1g
설탕 600~620g
송이가지 삼베망
포도(껍질,씨포함) 1Kg

- 포도의 당도를 감안하여 설탕량을 증감한다.
- 포도알을 모두 주물러 터뜨려야 발효과정이 빠르고 왕성하다.

 **고르기**

1. 포도의 껍질 색은 짙은 검정색
2. 포도송이에 포도알이 너무 꽉 차지 않고 크기도 크지 않은 것
3. 포도알이 잘 떨어지지 않고 손으로 살며시 눌렀을 때 탱탱한 것
4. 포도송이의 아랫부분에 달려 있는 포도알이 단맛이 나는지 확인
5. 가능한 무농약 재배 포도를 사용하며 저장이 아닌 제철 수확한 것

 포도를 이용하여 발효액을 만들 때에는 주로 포도알만 사용한다. 단 무농약 재배 포도일 경우 포도알을 분리하고 남은 가지를 삼베망에 넣어 함께 발효시킨다. 그러면 송이가지에 함유된 레스베라트롤도 얻을 수 있다.

 담그기

1. 포도송이 그대로, 희석한 천연식초 물에 20~30초 정도 담갔다 바로 씻어서 채반에 건져 물기를 제거한다.
2. 1의 포도를 큰 그릇으로 옮겨 송이가지에서 포도알을 떼내어 주물러 터뜨린다.

3. 2의 포도를 항아리에 넣고 설탕을 한꺼번에 쏟아 넣은 뒤 포도와 설탕을 잘 섞어주고 천일염을 넣는다.

4. 포도알을 분리하고 남은 송이가지는 잘라 삼베망에 담고, 같은 항아리에 넣어 포도와 함께 발효시킨다.

5. 항아리의 입구를 한지로 덮은 뒤 묶어주고 뚜껑을 닫아 통풍이 잘 되고 그늘진 곳에 보관한다.

❂ 포도의 발효

포도는 담근 다음날부터 발효가 시작되는데 온도 등 발효환경에 따라 더 빨리 시작될 수 있다. 그리고 포도를 거른 후의 발효액 상태에서 더욱 왕성한 거품과 함께 발효가 진행된다.

발효 및 발효액 분리

1. 담금일 기준 5일 정도 지나면 삼투현상으로 포도알이 껍질부분만 남고 수액은 모두 탈수된 상태가 된다. 이때 당도는 대략 48Brix* 정도다.

2. 담금일 기준 7일이 되면 발효액 위로 수축된 채 떠오른 포도 건지와 송이가지를 걸러낸다.

3. 분리일 기준 7일 이내, 14일 이내, 21일 이내, 30일 이내에 한 번 이상씩 섞어주어 발효액의 당도를 일정하게 유지시킨다.

4. 포도를 수확하는 8~9월에 발효액을 담그면 **3개월** 후인 첫눈이 내리는 겨울의 시작에 마실 수 있다.

***Brix**(브릭스) 당도를 측정하는 단위로 100g의 물에 녹아 있는 당의 g수를 나타낸다.

포도알을 송이가지에서 떼어낸 뒤 주물러 터뜨린다.

항아리에 담은 으깬 포도 위에 설탕을 넣고 섞어준다.

송이가지는 삼베망에 넣어 함께 발효시킨다.

포도와 가지를 함께 발효시키면 가지의 성분도 얻을 수 있다.

포도발효액으로 더 고소하게
연근모듬깨무침

재료

연근 300g
땅콩 30g
송송 썬 쪽파 2큰술
편백나뭇잎 발효식초
1작은술

포도발효액 소스

포도발효액 3큰술
간장 2큰술
통깨가루 1큰술
검은깨가루 1작은술
깨소금 1큰술
다진 청양고추
1/2작은술

연근 특유의 아삭한 식감에 깨의 고소한 맛이 더해지면 남녀노소 누구에게나 인기 만점인 요리가 된다. 그리고 깨의 고소한 맛을 업그레이드 시켜주는 것이 바로 달달한 맛과 향을 가진 포도발효액이다. 달기만 한 조청이나 꿀이 아닌 포도발효액을 넣어서 소스를 만들면 깨와 땅콩의 고소한 풍미를 한층 끌어올릴 수 있다.

 만드는법

1. 연근은 껍질째 수세미로 문질러 씻은 뒤 물기를 닦아내고 0.5cm 두께로 썬다.
2. 끓는 물에 연근을 넣어 데친다.
3. 데친 연근에 편백나뭇잎 발효식초를 넣어 버무렸다 찬물에 헹군 후 물기를 털어낸다.
4. 볼에 포도발효액 소스 재료를 넣어 잘 섞는다.
5. 마른 팬에 껍질 벗긴 땅콩을 볶아 도마에 올려 굵게 썬다.
6. 4에 3의 연근과 5의 땅콩, 쪽파를 넣어 버무리면 완성된다.

★ **편백나뭇잎 발효식초를 넣는 이유**

연근은 껍질을 벗기거나 단면을 자르면 갈색으로 변하는 갈변현상이 나타난다. 이때 식초에 담가두면 갈변현상을 막을 수 있는데, 편백나뭇잎 발효식초는 연근의 아삭한 식감까지 살려준다. 그리고 편백나무 특유의 피톤치드향이 배어 상큼한 맛을 더할 수 있다.

피부미인 만들어주는 펙틴 함유
사과

능금(綾禽), Malus sieversii

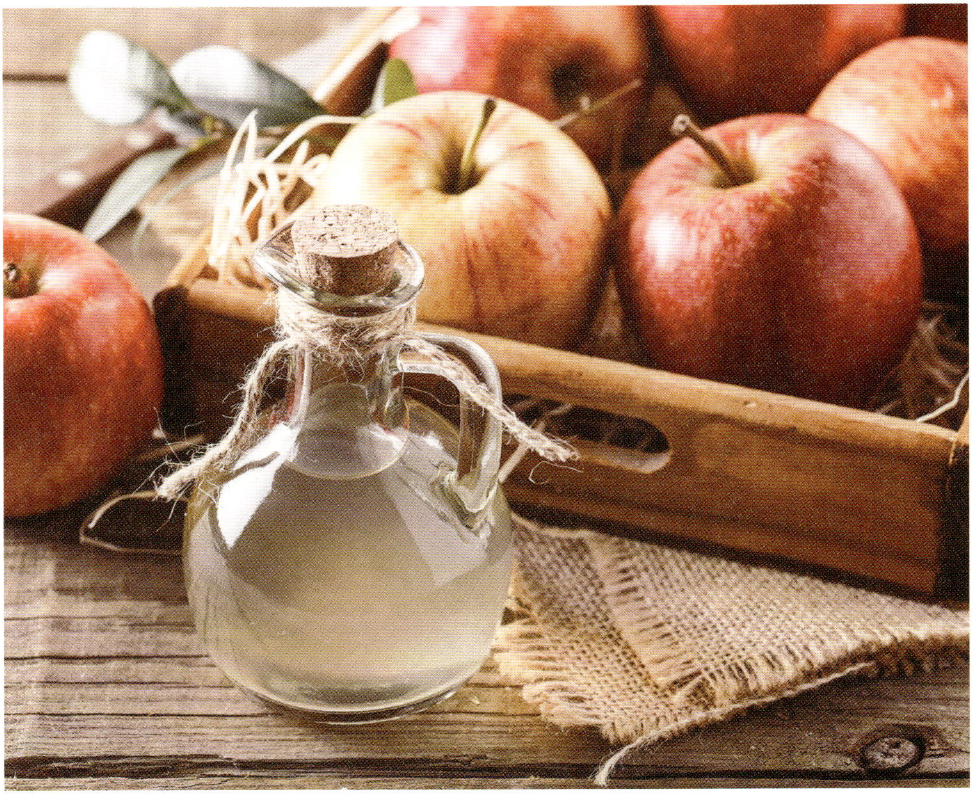

● **이런 분에게 좋아요!**

회사생활을 하다보면 운동량은 적은데 앉아서 일하는 시간은 점점 늘어나죠? 그래서 속이 더부룩하고 위장이 아프다는 사람들이 많습니다. 이럴 때는 배변촉진, 대장암 예방, 해독, 면역기능 강화에 노화방지, 피부미용 효과까지 팔방미인 사과발효액을 먹어보세요!

활발한 장운동을 원한다면 껍질 채 먹어라

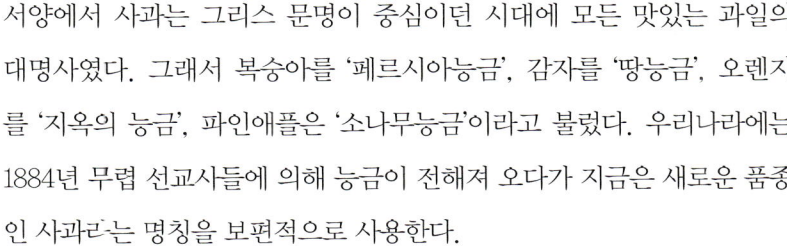

> ⭐ **산사자, Crataegus pinnatifida**
> 산사나무의 열매로 사과맛이 나고 색도 붉어 생김새가 사과와 비슷하다. 하지만 사과와 전혀 다른 과일로 붉게 익으면 껍질에 흰색 반점이 있는 것으로 구분할 수 있다. 산사자는 퀘르세틴, 오레아놀산, 카로틴, 클로로겐산, 비타민B1, 비타민C, 단백질, 회분, 칼슘, 구연산 등을 다량 함유하고 있다. 그래서 위장의 소화 발효를 촉진하는데 도움을 주며 식중독이나 육류 중독에 의한 복통, 위장 카타르에 효험이 있고 과식했을 때 소화제로도 사용된다.

서양에서 사과는 그리스 문명이 중심이던 시대에 모든 맛있는 과일의 대명사였다. 그래서 복숭아를 '페르시아능금', 감자를 '땅능금', 오렌지를 '지옥의 능금', 파인애플은 '소나무능금'이라고 불렀다. 우리나라에는 1884년 무렵 선교사들에 의해 능금이 전해져 오다가 지금은 새로운 품종인 사과'라는 명칭을 보편적으로 사용한다.

● **사과의 성분과 효능은 무엇일까?**

사과의 주성분은 탄수화물이고, 당분은 13~16%로 다른 과일에 비하여 다소 많은 편이다. 단백질과 지방은 비교적 적은 편이지만 비타민C와 무기염류의 함량은 특히 많으며 펙틴, 유기산이 포함되어 있다.

사과에 들어 있는 펙틴은 식이섬유의 한 종류로 대장에서 독소를 제거하고 장의 연동운동을 촉진시켜 변비와 설사에 효과적이다. 그리고 지방산을 증가시켜 대장암 예방에도 도움을 준다. 펙틴은 주로 껍질에 많이 들어 있는데, 사과의 대표 성분이면서 효능의 핵이라고 불리고 있는 만큼 껍질까지 섭취하는 게 건강에 좋다. 사과의 퀘르세틴은 혈장 속의 과산화지질이 증가되는 것을 억제하여 세포의 노화 및 조직손상을 억제하기 때문에 알츠하이머형 치매나 파킨슨병 등 뇌질환 치료에도 효과가 있다. 영국에는 '하루 한 개의 사과는 의사를 멀리 한다', 우리나라에는 '사과 나는데 미인 난다'라는 속담이 있다. 사과를 매일 챙겨먹기 어렵다면 하루 한 잔의 사과발효액을 마시는 것도 좋겠다.

사과발효액 만들기

담금시기
8월 ~ 10월 초

 황금비율 | 사과 : 설탕 = 100% : 72%

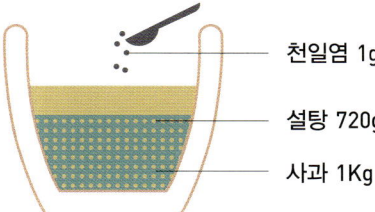

천일염 1g
설탕 720g
사과 1Kg

- 낙과나 풋사과의 경우 성숙과보다 당도가 낮으므로 설탕량을 소재 무게의 75%로 계량한다.

고르기

1. 시중에서 주로 유통되는 부사는 성질이 서늘하고 능금과 홍옥은 따뜻한 성질을 갖고 있으므로 자신의 체질에 맞는 것을 선택
2. 크기가 작고 껍질에 상처가 있더라도 유기농으로 경작한 사과가 유리
3. 저장 사과도 가능하지만 되도록 제철에 수확한 것

담그기

1. 식초를 희석한 물에 20~30초 사과를 담가두었다가 흐르는 물에 씻어 내 잔류농약을 제거한다.
2. 사과의 껍질은 그대로 두고 씨만 제거한 뒤 건지 활용에 알맞은 모양으로 자른다.
3. 설탕의 80%와 사과를 버무려 차곡차곡 항아리에 담고 그 위에 남겨둔

 건지 활용

말려서 정과로 활용하려면 얇게 슬라이스로 자르고, 파이나 잼 등에 이용하려면 큰 등분으로 잘라서 사과의 모양을 유지한다.

20%의 설탕을 이불로 덮어준 뒤 천일염을 넣는다.

4. 항아리의 입구를 한지로 덮은 뒤 묶어주고 뚜껑을 닫아 통풍이 잘 되고 그늘진 곳에 보관한다.

발효 및 발효액 분리

1. 담금일부터 사과와 설탕을 섞어준다.
2. 담금일 기준 3~5일 정도 됐을 때 껍질과 과육의 수축상태를 보고 삼투압 진행과정을 판단하여 발효 상태를 확인한다.
3. 담금일 기준 5~12일에 껍질과 함께 쪼그라든 상태의 사과와 발효액을 분리한다.
4. 분리일 기준 7일 이내, 14일 이내, 21일 이내, 30일 이내에 한 번 이상씩 섞어주어 발효액의 당도를 일정하게 유지시킨다.
5. 담금일 기준 3개월 후 발효가 안정되면 마실 수 있으며 다른 효소발효액과 섞어 마셔도 좋다.

> **• 사과 알레르기 증후군**
> 꽃가루에 알레르기 반응이 나타나는 사람이 생과일이나 채소를 먹고 난 후 바로 입과 목, 혀가 간지럽고 따끔거리며 부어오르는 증상으로, 오래 걸리지 않아 증상이 사라지며 다른 신체 부위에는 이상 반응이 나타나지 않는 것이 특징이다. 가열하여 조리하면 알레르기 반응을 줄일 수 있지만 고유한 영양물질이 파괴되므로 영양물질을 섭취하며 알레르기의 피해에서 벗어나는 데 도움이 될 수 있는 방법은 과일과 채소를 효소발효식품으로 활용하는 것이다.

독성이 있는 씨만 제거하고 건지 활용에 맞게 등분한다.

담금일부터 사과와 설탕을 섞어준다.

사과가 발효되면서 가스와 거품이 발생한다.

껍질과 과육이 말린 것처럼 수축되면 건져낸다.

산사자발효액 만들기

담금시기
9월 초순 ~ 10월

황금비율 | 산사자 : 설탕 = 100% : 72~75%

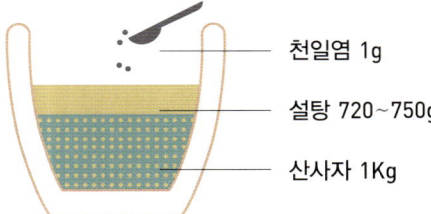

천일염 1g
설탕 720~750g
산사자 1Kg

- 9월초 채취한 산사자는 설탕을 75%, 10월 채취한 산사자는 72%로 계량한다.
- 과육이 마르기 전인 9~10월 초에 채취해야 과육의 수분이 충분해 발효에 유리하다.

고르기

1. 녹색과 적색이 섞인 상태로 과육이 마르기 전의 것
2. 과즙이 풍부하고 유기산 함량이 높은 덜 익은 것
3. 일부 벌레가 상처를 낸 것도 무방
4. 공원의 조경수나 가로수로 식재한 것, 농약이나 공해에 오염된 것은 사용 불가

담그기

1. 산사자는 가볍게 씻어 채반에 밭쳐 물기를 제거한다.
2. 설탕을 20%와 80%로 구분한다.
3. 산사자의 꼭지가 있는 상태로 설탕 80%와 버무린 뒤 항아리에 담고

나머지 20%의 설탕을 이불로 덮어준다.

4. 천일염을 넣는다.
5. 항아리의 입구를 한지로 덮은 뒤 묶어주고 뚜껑을 닫아 통풍이 잘 되고 그늘진 곳에 보관한다.

🥄 발효 및 발효액 분리

1. 삼투현상으로 산사자 과즙액이 덜 녹은 설탕과 함께 고이기 시작하면 이때부터 설탕과 산사자를 수시로 섞어주어 설탕을 모두 녹인다.
2. 발효액 위로 떠오른 산사자에 뜸팡이가 생기지 않도록 발효액에 잠겨 있던 부분과 떠올라 있는 부분을 고르게 섞어줘야 한다.
3. 담금일 기준 10~14일 이내에 수축된 상태로 떠오른 산사자를 발효액과 분리한다.
4. 발효액 상태로 발효가 진행되면서 발효거품이 두껍게 생기면 걷어낸다.
5. 분리일 기준 7일 이내, 14일 이내, 21일 이내, 30일 이내에 한 번 이상씩 섞어주어 발효액의 당도를 일정하게 유지시킨다.
6. 발효액은 **담금일 기준 3개월 이후**부터 마실 수 있다.

산사자 건지는 씨앗을 제거한 뒤 떡의 고명이나 잼 등으로 활용할 수 있다.

씻은 산사자는 채반에 밭쳐 물기를 제거한다.

산사자와 설탕은 버무린 상태로 항아리에 담는다.

설탕과 버무려진 산사자 위에 설탕이불을 덮는다.

한지로 입구를 덮은 뒤 뚜껑을 닫는다.

산사자발효액으로 소화를 돕다
대추 넣은 떡갈비

재료

가래떡 7cm 길이 4줄
다진 쇠고기 400g
참기름 1/2큰술
소금 약간
송송 썬 실파 2큰술
잣가루 2큰술
녹말가루 1큰술
식용유 약간

고기양념

간장 1큰술
통후추 곱게 간 것
약간
다진 마늘 1작은술
설탕 1작은술
소금 약간
빵가루 5큰술

산사자발효액 간장 소스

산사자발효액 3큰술
다진 대추 3큰술
쌀조청 2큰술
간장 3큰술
청주 1큰술

떡갈비는 원래 궁중에서 임금님이 즐기던 고급음식이었다. 소고기를 다져 만든 모양이 떡을 닮아 붙은 이름인데 지금은 떡에 다진 소고기를 붙여 구워서 이름과 같은 음식이 되었다. 떡갈비에 소고기의 소화를 도와줄 수 있는 대추와 산사자발효액이 첨가되어 보다 편안하게 음식을 즐길 수 있을 것이다.

 만드는법

1. 가래떡은 7cm 길이로 자른 것을 준비해서 끓는 물에 살짝 데치고 찬물에 헹궈 참기름과 소금을 발라 붙지 않게 한다.
2. 다진 쇠고기는 도마에 올려 핏물을 빼고 칼로 다시 자근자근 다져 고기양념에 재워 20분 이상 손으로 치댄다.
3. 대추를 잘게 다지고 산사자발효액을 넣어서 간장 소스를 만든다.
4. 가래떡은 가운데 부분에 칼집 넣어 녹말가루를 고루 바르고 다진 쇠고기 양념한 것을 칼집 넣은 부분과 겉면에 동그랗게 붙여 모양을 만든다.
5. 미리 예열시킨 200도의 오븐에서 15분 정도 앞뒤로 구워낸다.
6. 구운 떡갈비를 팬에 식용유를 두르고 굴려 산사자발효액 간장 소스를 부어 중간 불에서 조린다.
7. 접시에 떡갈비를 담고 실파를 듬뿍 올리고 잣가루를 뿌려 상에 낸다.

항산화효과가 뛰어난 리그난 풍부
오미자

Chinese Magnolia Vine

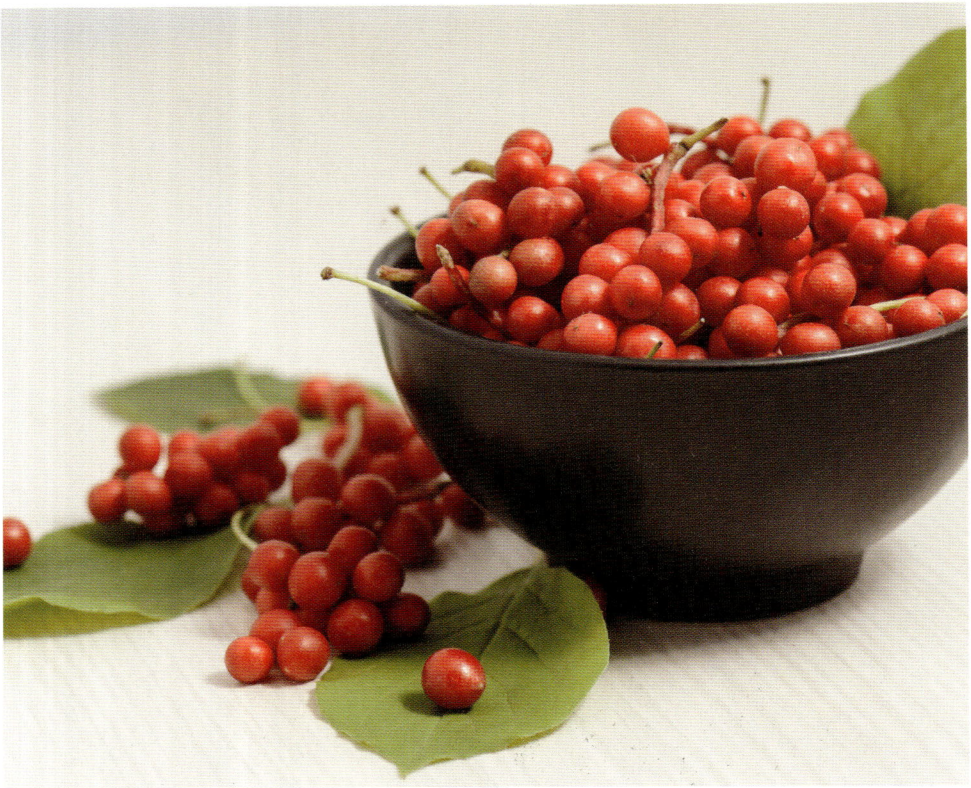

● **이런 분에게 좋아요!**

나이가 들면서 아픈 곳이 많아지는 이유는 면역기능이 저하되고 염증 반응이 증가하기 때문이에요. 그래서 항산화물질을 섭취하는 게 점점 중요합니다. 오미자는 항산화, 항노화, 암발생 억제, 항균 효과를 갖고 있어요. 다섯 가지 맛을 지닌 오미자발효액으로 우리 몸을 지켜주세요!

건강을 생각한다면 씨를 버리지 마세요

오미자는 다섯 가지의 맛을 가지고 있다고 해서 붙여진 이름이다. 실제로 유기산의 신맛, 당의 단맛, 정유의 매운맛, 종자의 쓴맛, 껍질의 짠맛이 있는데 전체적으로 신맛이 강해 다른 맛을 느끼는 것은 쉽지 않다. 그리고 오미자는 다른 과일과 다르게 과육보다는 씨에 영양소가 가득 담겨 있어 예로부터 한약재로 사용되어 왔다.

● 오미자의 성분과 효능은 무엇일까?

오미자의 주요 약리성분은 쉬잔드린과 고미신이다. 이들은 80%가 씨에 들어 있고 나머지 20%는 과육에 존재한다고 알려지면서 오미자의 씨를 섭취하는 사람이 늘고 있다. 쉬잔드린과 고미신은 리그난의 종류로 각종 미생물과 해충으로부터 식물 자신을 보호하는 역할을 한다. 하지만 몸속에 들어가면 항산화물질로 바뀌어 세포손상을 막고 항노화, 암발생 억제 효과를 나타낸다. 오미자에 들어 있는 리그난의 종류는 쉬잔드린(Schisandrin), 쉬잔드린C(SchisandrinC), 고미신N(Gomisin N), 고미신A(Gomisin A)로 크게 4종류가 있다. 쉬잔드린계열은 항산화효과가 강하고 인지력과 간기능 개선에 효과가 있다. 그래서 만성간질환 회복과 자양강장, 간 보호의 기능을 보인다. 고미신N은 피부 보호 효과가 있고, 고미신A는 항염작용이 특히 뛰어나다. 이는 스트레스성 궤양 예방, 각종 세균 억제 작용에 도움을 준다. 다양한 맛만큼이나 다양한 효능을 가진 오미자발효액 하나가 열 영양제 부럽지 않다.

HOW TO MAKE

오미자발효액 만들기

담금시기
8월 말 ~ 9월

 황금비율 | 오미자 : 설탕 = 100% : 75%

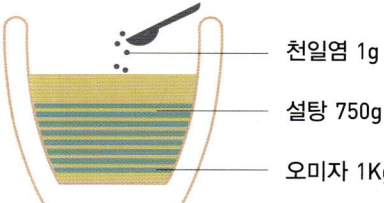

천일염 1g
설탕 750g
오미자 1Kg

- 오미자의 약성을 위해 충분히 익지 않은 소재를 사용할 경우에는 설탕의 양을 추가해 주어야 발효에 필요한 적정 당도를 유지할 수 있다.

 **고르기**

1. 붉게 완숙된 것을 선택하되 무르지 않은 것
2. 무농약, 유기농으로 재배한 생과 선택

 **담그기**

1. 흐르는 물에 담가 꼬투리와 줄기를 잘라내 쓴맛과 떫은맛을 줄인다.
2. 오미자 손질이 끝나면 가볍게 씻어 채반으로 건져내 물기를 제거한다.
3. 설탕을 계량된 양의 10%, 20%, 70%로 나눈다.
4. 설탕 10%를 먼저 항아리 바닥에 깔아준다.
5. 오미자와 70%의 설탕을 교대로 넣어 쌓은 뒤, 남은 20%의 설탕을 이불처럼 덮어주고 천일염을 첨가한다.

 과육이 무를 정도로 과숙된 것은 씻지 않고 담가야 표면의 미생물을 보존하고 과즙이 빠지지 않는다.

6. 항아리의 입구를 한지로 덮은 뒤 묶어주고 뚜껑을 닫아 통풍이 잘 되고 그늘진 곳에 보관한다.

발효 및 발효액 분리

1. 설탕이불이 녹기 시작하면 수시로 섞어주어 항아리 바닥에 녹지 않은 설탕이 없게 한다.
2. 담금일 기준 5일 정도 지나면 오미자가 발효액 위로 떠오르고 가스와 거품이 발생한다.
3. 담금일 기준 7~10일 정도 됐을 때 오미자와 발효액을 분리한다.
4. 분리일 기준 7일 이내, 14일 이내, 21일 이내, 30일 이내에 한 번 이상씩 섞어주어 발효액의 당도를 일정하게 유지시킨다.
5. 담금일 기준 3개월 후부터 마실 수 있다.

> • 오미자발효액 섭취 주의사항
> 오미자발효액은 속이 찬 사람에게 도움이 되지만 오미자의 약성이 허열을 일으킬 수 있기 때문에 자주 많이 마시는 것은 바람직하지 않다. 또한 몸에 열이 있거나 음주 상태에서 마시는 것은 지양하고, 위나 십이지장궤양, 고혈압 환자는 주의가 필요하다.

항아리에 설탕과 오미자를 교대로 넣는다.

설탕이불을 덮는다.

설탕이불이 녹기 시작하면 수시로 섞어준다.

담금일 기준 3일이 되면 설탕은 거의 다 녹는다.

오미자발효액으로 색감을 살리다
가지소박이

재료

가지 500g(7개)
굵은 소금 약간

김치양념

밥 120g
생수 2컵
오미자발효액 5큰술
고춧가루 1/3컵
마른홍고추 5개
멸치액젓 2큰술
새우젓 2큰술
다진 마늘 2큰술
다진 생강 1/2작은술
쪽파 200g
소금 약간

가지소박이는 가지를 잘 절여야 제대로 발효되어 맛있다. 너무 무르지 않게 적당히 절여 물기를 자근자근 눌러 짜 준비한 후 양념을 만드는데 흔히 찹쌀풀을 쑤어 많이 사용하지만 간단하게 찬밥을 이용해 양념을 만들어 주어도 좋다. 가지가 어느 정도 단맛을 가지고 있기 때문에 설탕이나 흔히 사용하는 매실청 대신 자연의 단맛을 가지고 있는 오미자발효액을 사용하면 적당한 단맛과 함께 매실보다는 색도 진하고 고와 찬밥을 갈아 만들었을 때 흐릿해진 양념의 색도 함께 끌어 올릴 수 있어 좋다.

 만드는법

1. 가지는 깨끗하게 씻어 5cm 길이로 토막내어 가운데 십자로 칼집 넣고 굵은 소금을 뿌려 잠시 절인다.
2. 쪽파는 깨끗하게 씻어 물기를 턴 후에 1cm 길이로 썬다.
3. 마른 홍고추는 꼭지를 떼어내고 씻어 적당하게 잘라 믹서에 담고 밥과 생수, 고춧가루, 멸치액젓, 새우젓, 다진 마늘, 다진 생강, 오미자발효액을 넣어 곱게 간다.
4. 볼에 쪽파와 3의 양념장을 넣어 잘 버무리고 소금으로 간을 맞춘다.
5. 가지는 물에 헹궈 물기를 자근자근 눌러 짠 후에 십자로 칼집 넣은 곳에 4의 양념을 소박이 박듯이 넣어 버무린다.
6. 밀폐용기에 담고 반나절 정도 지나 간이 베이면 바로 먹는다.

Chapter 1. 과일발효액 담그기

심장질환과 뇌졸중 위험 감소
자두

자이(紫李), 이실(李實), plum

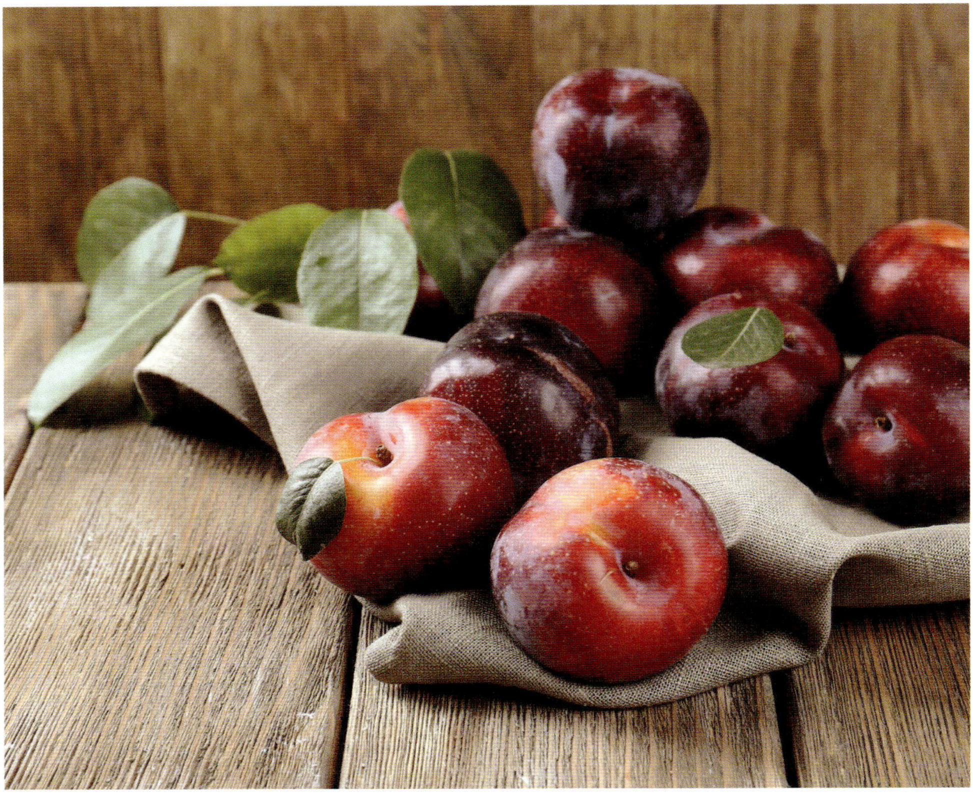

● **이런 분에게 좋아요!**

고기를 많이 먹는 사람에게는 섬유소가 많은 자두가 필요합니다. 자두는 쾌변을 볼 수 있도록 도와주기 때문에 다이어트에도 효과를 보이는데요. 중년 여성의 경우 칼슘 흡수를 도와줘 더없이 좋은 과일입니다. 하루 한 잔의 자두발효액으로 중년 미인으로 탈바꿈하세요!

건강한 중년 미인을 꿈꾼다면 '자두'하세요

자두는 자주색 복숭아라는 의미로 '자도(紫桃)'라고도 불리는 과일이다. 영남지방에서는 사과나 복숭아에 비해 보잘 것 없다 하여 '에추'라고 부르기도 한다. 하지만 자두는 민간요법과 한방 약재로 사용할 만큼 유용하다.

● **자두의 성분과 효능은 무엇일까?**

자두에는 생과 100g당 총페놀 471㎎이 함유되어 있어 고혈압, 빈혈, 심근경색, 중풍, 협심증, 동맥경화, 성인병, 암 예방 등에 효능이 있다. 폴리페놀 중에서도 자두에 들어 있는 안토시아닌은 강력한 항산화물질로 혈전 형성을 억제하여 심장질환과 뇌졸중 위험을 감소시킨다. 자두의 새콤한 맛은 1~2% 함유되어 있는 유기산 때문인데 대부분 사과산과 구연산이다. 이들은 열량이 낮고 수분 함량이 높아 수분 대사를 촉진시키고 피로회복을 도우며 이뇨작용으로 술독을 풀어주는 효과도 있다. 자두에는 체내에서 비타민A로 전환되는 카로티노이드 색소와 비타민C 그리고 철분이 풍부하다. 이들은 모두 항산화물질로 그 양이 블루베리, 딸기, 시금치, 브로콜리의 2.5배에 달한다. 말린 자두에는 폐경기 여성에게 좋은 보론(Boron, 붕소)이라고 하는 반금속 원소를 가지고 있어 나이든 여성의 칼슘 흡수를 도와주고 에스트로겐 호르몬을 유지하게 만든다. 효소발효 소재로는 자색이나 흑색의 짙은 색깔을 띤 피자두나 먹자두가 좋다. 단, 자두를 너무 많이 먹으면 비위를 손상시킬 수 있으므로 유의한다.

자두발효액 만들기

담금시기
7월 ~ 9월 초순

 황금비율 | 자두 : 설탕 = 100% : 63%

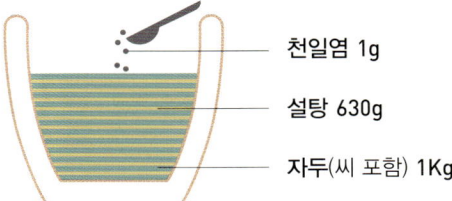

- 천일염 1g
- 설탕 630g
- 자두(씨 포함) 1Kg

 고르기

1. 7월 ~ 9월 초순 껍질이 푸른빛이 나며 빨갛게 선명한 것
2. 과육이 단단하고 자두의 끝이 뾰족하며 껍질에 분가루 같은 과분이 충분히 묻어 있는 것

 담그기

1. 과분이 씻겨나가지 않도록 조심해서 씻은 뒤 채반에 밭쳐 둔다.
2. 자두의 씨를 빼고 등분을 나누거나 과육에 칼집만 낸다.
3. 자른 자두는 곧바로 항아리에 담는데 설탕과 교대로 넣은 후 천일염을 첨가한다. 칼집만 낸 자두는 먼저 항아리에 담고 그 위에 설탕을 쏟아부은 뒤 천일염을 첨가한다.
4. 항아리의 입구를 한지로 덮은 뒤 묶어주고 뚜껑을 닫아 통풍이 잘 되고 그늘진 곳에 보관한다.

 자를 수 없을 정도로 익은 자두를 소재로 사용할 때는 포크를 이용하여 구멍만 내어 통째로 담고 건지를 빨리 건지는 것이 좋다.

🥄 발효 및 발효액 분리

1. 담금일 기준 1일째부터 자두와 설탕을 부드럽게 섞어 주는데 자두가 뭉개지지 않도록 조심한다.
2. 발효액에 잠겨 있는 부분과 떠올라 있는 부분을 고루 섞어주며 바닥에 녹지 않고 남아있는 설탕이 없도록 하여 삼투현상과 발효가 전체적으로 함께 진행될 수 있도록 한다.
3. 담금일 기준 4~5일 정도에 수축된 자두건지와 발효액을 분리한다.
4. 분리일 기준 7일 이내, 14일 이내, 21일 이내, 30일 이내에 한 번 이상씩 섞어주어 발효액의 당도를 일정하게 유지시킨다.
5. 담금일 기준 3개월 후부터 마시면 된다.

- **자두건지 활용**
  1. 자두건지를 그대로 된장이나 고추장에 버무려 장아찌로 만들어 먹는다.
  2. 자두건지를 믹서에 갈아 졸이면 잼이 된다.
  3. 밀가루 반죽에 자두건지를 넣어 과자 또는 빵으로 굽는다.
  4. 자두건지를 잘게 썰어서 비빔국수나 냉면, 미역냉채에 고명으로 넣는다.

익은 자두는 과육에 칼집만 내어 준비한다.

항아리에 담은 자두 위에 설탕을 쏟아 붓는다.

자두 사이사이에 설탕이 스미듯 들어 가는 것을 확인할 수 있다.

발효과정 중 자두와 발효액을 고루 섞어준다.

PLUS COOK

자두발효액으로 돼지고기를 부드럽게
돼지목살스테이크

재료

돼지고기 목살
600g(1.5cm 두께
손바닥크기 4~5조각)
자두발효액 3큰술
양배추 8잎
깻잎 3장
당근 80g

매실발효액 양념

매실발효액 2큰술
간장 1큰술
식초 1큰술
쌀조청 1큰술
다진 생강 1/2작은술
소금 약간

소고기를 이용한 스테이크와 달리 돼지고기 스테이크는 속까지 촉촉이 모두 익혀먹어야 한다. 이때 숙성 과정에서 건지가 있는 소스나 가루를 사용하면 팬에서 구울 때 겉면은 타고 속까지 고루 익히기가 매우 어렵다. 자두발효액은 깔끔한 액체타입으로 고기를 숙성시킬 때 사용하면 연육작용으로 육질이 매우 부드러워지고 잡내도 함께 잡아주며 소금이 첨가되어 있기 때문에 따로 간을 하지 않아도 되어 고기를 깔끔하고 맛있게 구워내기에 그만이다. 김치를 담그거나 단맛, 짠맛이 함께 필요한 요리에 두루 사용할 수 있어 활용도가 높다.

 **만드는법**

1. 돼지고기 목살은 1.5cm 두께로 슬라이스 한 것으로 준비한다.
2. 목살 가장자리를 칼집을 넣은 후에 자두발효액을 고루 발라 20분 정도 냉장고에서 연육을 시킨다.
3. 양배추와 깻잎은 굵게 채 썰고 당근은 곱게 채 썬다.
4. 매실발효액을 넣은 양념에 양배추와 깻잎 당근을 넣고 버무려 채소겉절이를 만든다.
5. 팬을 뜨겁게 달궈 자두발효액으로 숙성시킨 돼지고기 목살을 앞뒤로 노릇하게 구워낸다.
6. 접시에 돼지목살 스테이크를 담고 채소겉절이를 얹어서 완성한다.

자두발효액으로 맛과 향을 풍부하게
리코타치즈 올린 모닝샐러드

재료

방울토마토 20알
베이비 싹채소 200g
로메인 200g
리코타치즈 100g

발효액 드레싱

자두발효액 3큰술
오디발효액 3큰술
올리브오일 5큰술
쌀조청 1큰술
소금 약간

자두를 이용해 만든 발효액이기 때문에 과일의 향이 살짝 남아있어 샐러드 드레싱으로 사용하면 좋다. 단맛이 적고 쌉쌀한 맛이 있어 건강한 드레싱을 좋아한다면 자두발효액만을 이용해 드레싱을 만들어도 되고 좀 더 풍부한 맛과 향을 원할 땐 오디발효액과 같은 과일류 발효액을 함께 섞어 드레싱을 만들어 주면 좀 더 풍부한 맛과 영양을 얻을 수 있다.

 만드는법

1. 자두발효액과 오디발효액, 올리브오일, 쌀조청, 소금을 넣어 잘 섞어서 드레싱을 만든다.
2. 방울토마토는 윗 부분에 십자로 칼집을 넣어 끓는 물에 데쳐 찬물에 헹군 후에 껍질을 벗긴다.
3. 베이비 싹채소는 씻어 물기를 털고 로메인은 씻어 손으로 대강 뜯는다.
4. 접시에 싹채소와 로메인을 담고 토마토를 얹은 후에 리코타치즈를 손으로 뜯어 올리고 준비한 드레싱을 뿌린다.

예비 엄마한테 꼭 필요한 엽산 풍부
참다래

양도(楊桃), kiwi

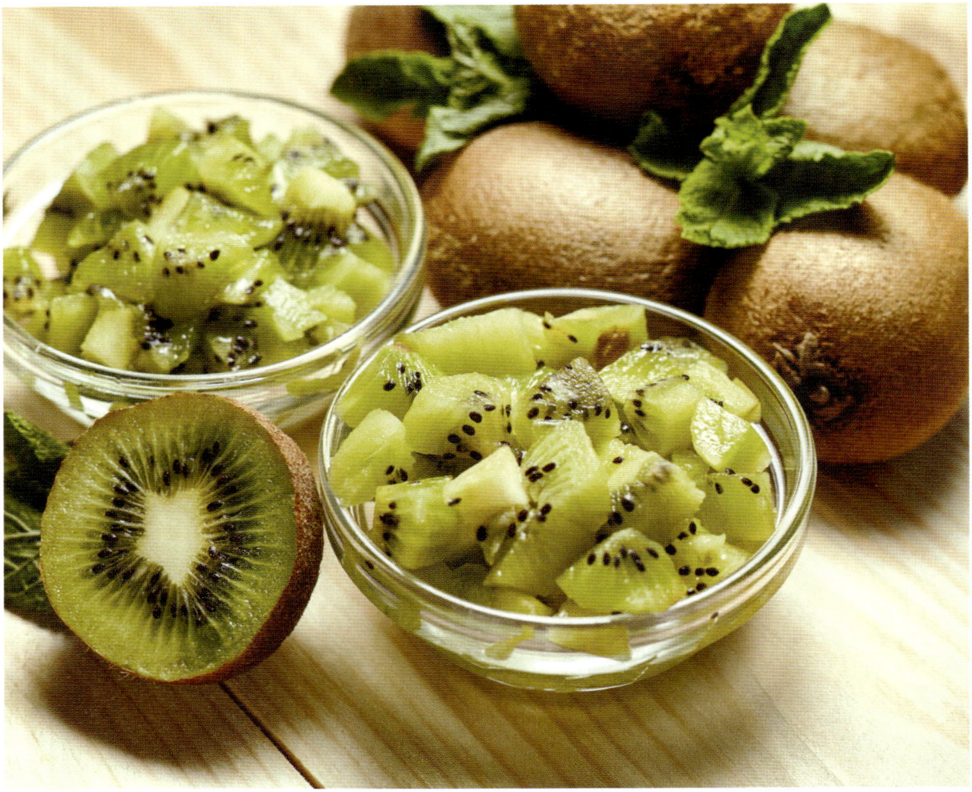

● 이런 분에게 좋아요!

예비 엄마는 무엇이든 태아와 나누기 때문에 영양에 민감해집니다. 그래서 태아의 건강을 위해서 엄마는 항상 먹는 것을 조심하게 되죠. 엄마와 아이의 건강을 모두 지켜주는 과일이 바로 참다래입니다. 항산화작용도 뛰어난 참다래발효액을 먹고 건강한 아이를 낳으세요!

참다래 하나로 4가지 과일 맛을 즐기세요

키위는 크게 과육이 노란색을 띠는 골드키위와 초록색인 그린키위로 구분되는데 우리나라에서는 주로 그린키위를 재배하며 참다래라고 부른다. 참다래는 구입 즉시 먹지 않고 약간 후숙하여 먹는 과일인데 딸기, 오렌지, 바나나, 파인애플의 4가지 과일 맛을 갖고 있다.

● **참다래의 성분과 효능은 무엇일까?**

참다래에는 태아와 임산부에게 꼭 필요한 엽산이 많이 들어 있다. 엽산은 신경세포를 만들어내는 중요한 역할을 하는 물질로 임신 중 엽산을 충분히 섭취하면 기형아 출산 위험을 79~84% 줄일 수 있다는 연구결과도 있다. 시금치나 양배추, 브로콜리, 계란 노른자 등에도 엽산이 풍부하지만 조리과정에서 손실 될 수 있다. 참다래발효액의 엽산은 조리하지 않고 먹을 수 있기 때문에 우리 몸에 잘 흡수된다.

참다래에 들어 있는 비타민C는 콜라겐 형성과 철분 흡수를 돕고 항산화 작용으로 발암물질 생성을 억제한다. 비타민C의 함유량은 오렌지의 2배, 사과의 17배, 자몽의 3배나 된다. 비타민E 역시 항산화작용을 하며 심장병, 암 예방 및 과산화지질 생성을 억제하고 면역력을 강화시킨다. 그리고 참다래는 식이섬유의 천연공급원으로 장 활동과 소화를 도와 위장을 편안하게 해주는 천연 단백질 효소인 액티니딘도 들어있다.

우리나라에서 수확한 참다래는 12월부터 익년 5월까지 유통되며 후숙에 유리한 상태로 수확하므로 겨울에 담그기를 권한다.

참다래발효액 만들기

담금시기 10월 ~ 11월

 황금비율 | 참다래 : 설탕 = 100% : 60~62%

- 천일염 1g
- 설탕 600~620g
- 참다래껍질 삼베망
- 참다래(껍질포함) 1Kg

• 후숙되면서 당도가 높아지므로, 후숙 정도에 따라 설탕량을 적게 한다.

🥣 고르기

1. 과일을 살짝 눌렀을 때 탄력이 있으면서 부드러운 것
2. 수확 후 상온상태에서 약 4주 정도 지난 것(14brix 이상의 당도 함유)

 담그기

1. 먼저 꼭지 부분을 잘라내고 물에 담가 씻는데 수세미로 문질러 표면의 털을 제거한다. 양파망에 넣어 치대듯 씻으면 털을 쉽게 제거할 수 있다.
2. 털을 제거한 껍질을 벗겨내 삼베망에 담아 항아리에 넣는다.
3. 껍질을 벗겨낸 과육은 건지 활용도에 따라 알맞은 모양으로 자른다.
4. 설탕을 20%와 80%로 나눈다.
5. 과육과 설탕의 80%를 교대로 항아리에 차곡차곡 담은 뒤 나머지 설탕 20%를 설탕이불로 덮어주고 천일염을 넣는다.

✪ **건지 활용**
고기를 재우거나 새콤달콤한 맛의 드레싱으로 활용한다. 가루옷을 입혀 바삭하게 튀기면 최고의 간식이 된다.

6. 항아리의 입구를 한지로 덮은 뒤 묶어주고 뚜껑을 닫아 통풍이 잘 되고 그늘진 곳에 보관한다.

 털을 잘 제거한 껍질은 식감이 그다지 떨어지지 않으므로 껍질째 담가도 무방하다. 그러면 발효액 분리시기를 가늠하기 좋고, 건조 시 과육의 형태가 보기 좋게 유지될 수 있다.

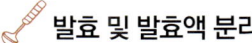 발효 및 발효액 분리

1. 담금일 기준 1~2일부터 삼투현상과 효소발효가 진행된다.
2. 담금 당일부터 수시로 섞어주며 바닥에 가라앉은 설탕이 없도록 하여 항아리 내의 당도가 균일하게 유지되도록 한다.
3. 담금일 기준 5일 전후에 과육이 수축되고 가스와 발효거품이 생기면 과육이 물러지기 전에 참다래와 발효액을 분리한다. 삼베망에 넣은 껍질은 2~3일 정도 더 두었다가 건져낸다. 껍질째 담근 경우 담금일 기준 7일 전후에 참다래와 발효액을 분리한다.
4. 분리일 기준 7일 이내, 14일 이내, 21일 이내, 30일 이내에 한 번 이상씩 섞어주어 발효액의 당도를 일정하게 유지시킨다.
5. 담금일 기준 3개월 후부터 마신다.

> • **후숙과일**
> 과육이 딱딱할 때 수확해 실온에서 숙성시켜 먹는 과일이다. 숙성 과정에서 신맛이 줄어들고 당도가 높아지며 과즙이 풍부해진다.

참다래의 껍질을 벗겨 삼베망에 넣는다.

참다래는 껍질을 벗겨서 준비한다.

참다래와 설탕을 교대로 담는다.

설탕이불을 덮는다.

PLUS COOK

참다래발효액으로 비타민과 비타민이 만나다
브로콜리 붉은피망 주스

재료

브로콜리 1/2송이 (200g)
붉은 피망 1/2개
얼음 10조각
참다래발효액과 건지 3큰술
생수 2컵
소금 약간

비타민과 미네랄이 풍부한 브로콜리는 송이뿐 아니라 줄기에도 비타민과 식물성 섬유 등의 영양소가 균형 있게 함유되어 있다. 특히 면역력을 높여주는 비타민이 풍부해서 하루에 브로콜리 2~3송이만 먹으면 필요한 비타민C의 하루 권장량을 섭취할 수 있다. 여기에 비타민이 풍부한 참다래발효액과 참다래건지까지 더해지면, 다이어트를 위해서 노력하는 여성들 또는 집안일로 스트레스를 받는 주부들에게 아주 좋은 비타민 주스가 될 것이다.

 만드는법

1. 브로콜리는 작은 송이로 떼어 끓는 물에 소금을 약간 넣어 데친 뒤 찬물에 헹궈 식힌다.
2. 붉은 피망은 씨와 씨방을 도려내고 적당하게 썬다.
3. 믹서에 브로콜리와 붉은 피망, 참다래발효액과 건지를 넣고 얼음과 생수를 붓고 곱게 갈아 차게 마신다.

❂ **피망과 파프리카**

파프리카는 피망을 개량한 것으로 사실은 똑같은 식물이다. 피망은 빨간색과 초록색 두 종류만 있으며 약간 단맛이 있고 육질이 질긴 편이다. 반면 파프리카는 빨강, 주황, 노랑 등 색이 다양하며 색깔별로 향과 맛이 다른 특징이 있다.

Chapter 1. 과일발효액 담그기 075

건지 및 발효액 활용

조청 만들기

효소발효에 사용한 모든 소재의 건지와 발효액을 활용해 조청을 만들면 기능성 약용 식소재로 활용할 수 있어 좋다. 이렇게 만든 조청을 음식에 사용하면 특별한 맛과 함께 용도에 따라, 식소재에 따라 각양각색의 효소발효 소재 조청을 활용할 수 있다. 만드는 과정도 단순해 누구나 쉽게 따라할 수 있다.

HOW TO MAKE

1. 빈 그릇에 건지와 물을 1 : 0.5의 비율로 넣고 건지를 약간 주물러서 건지에 남아 있는 효소발효액을 우려낸다.

2. 1의 건지와 물을 1 : 1.2의 비율로 솥에 함께 넣고 약한 불에 1시간 30분 정도 끓인다.

3. 2에서 건지를 삼베나 천, 체 등으로 건져낸다.

4. 1의 우려낸 물과 3의 건지를 건져낸 물을 합한 것을 솥에 넣어 졸인다. 발효액을 이용할 때에는 위의 과정 없이 발효액을 바로 졸인다.

5. 처음에는 센 불로 끓이다가 어느 정도 끓게 되면 중불로 졸이듯이 끓인다. 이때 눋지 않도록 자주 저어주고 끓어 넘치지 않도록 주의한다.

6. 솥의 가장자리에 조청이 묻어날 때쯤 되면 약한 불로 줄여서 더 자주 저어주며 진행과정을 살핀다.

7. 옅은 색에서 짙은 색으로 변하면 거의 마무리 된 것이다. 이때 거품이 일어나면 찬물이 담긴 컵에 졸인 조청을 한두 방울 떨어뜨려 확산되는 정도를 보고 조청의 농도를 조절한다. 확산이 잘 안 되는 시작점이 적당한 농도이며 더 졸이면 엿이 되므로 주의한다.

8. 7의 완성된 조청을 식힌 뒤 소독된 병에 담아 보관한다.

 발효액은 3개월 이상 충분히 발효된 것을 사용해야 완성된 조청이 응고되지 않는다.
소재 고유의 풍미를 살리려면 한 가지 소재만 활용하여 만든다.

Chapter 2.
채소발효액 담그기

탄수화물과 육류 섭취가 많은 시대다.
이들은 산성식품으로 건강을 위해서는 알칼리성식품인
채소를 많이 섭취해야 한다. 하지만 끼니때마다
충분한 양의 채소를 챙겨 먹는다는 것은 어려운 일이다.
채소의 영양을 그대로 간직한 채소발효액에 대해 알아보자.

Make Enzyme 09 Vegetable

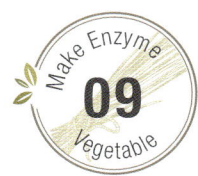

간을 튼튼하게 해주는 황화알릴 풍부
부추

정구지, 솔, 월담초, 구채(韮菜), garlic chive, Chinese leek

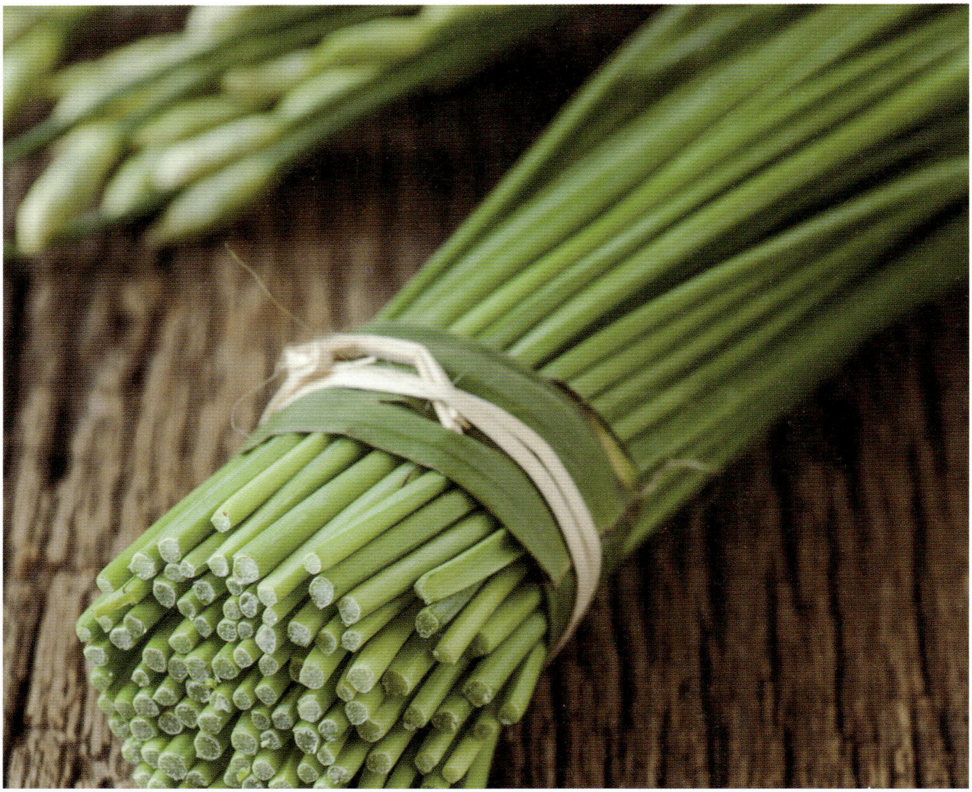

● 이런 분에게 좋아요!

여름이 되면 힘없이 축 늘어지시나요? 스트레스를 쉽게 받고 충분한 휴식을 갖지 못하시나요? 그렇다면 부추발효액이 도움이 될 수 있습니다. 부추는 간을 튼튼하게 해주는 다양한 성분이 들어 있으니 하루 한 잔의 부추발효액으로 피로를 말끔히 씻어주세요!

부추는 남자에게만 좋은 채소다?
그렇지 않습니다

봄에 나는 첫물 부추는 원기를 돋우는데 인삼, 녹용보다 더 좋은 식품으로 알려져 사위에게도 주지 않고 오직 남편에게만 준다는 말이 있고 한겨울에 돋아나는 부추의 노란 싹은 황구라는 이름으로 귀족들의 밥상에 귀하게 오르던 식품이기도 하다.

● **부추의 성분과 효능은 무엇일까?**

부추를 한마디로 표현하면 '간(肝)의 채소'라고 할 수 있다. 평소 스트레스를 많이 받거나 잦은 음주로 인해 간 손상이 걱정된다면 부추를 섭취하면 좋다. 부추는 신장과 간장을 튼튼하게 해 피를 맑게 하고 소화 흡수가 잘되어 위장을 튼튼하게 할 뿐 아니라 당뇨에도 효능이 있다.

부추의 매운맛을 내는 성분인 황화알릴은 비타민B1과 함께 섭취되면 알리티아민이라는 피로회복 물질을 생성한다. 한여름에 부추를 먹으면 더위로 인한 스트레스와 시들해진 기운을 북돋을 수 있다. 부추의 알릴 성분은 소화를 돕고 장을 건강하게 하며 섬유질이 풍부해 대장운동을 촉진시켜 변비해소에 도움을 준다.

항산화, 노화방지, 항암효과가 있는 베타카로틴 성분은 늙은 호박의 4배, 애호박의 19배, 배추의 83배나 들어있다. 이는 맵고 따뜻한 성질이 있어 몸이 차가운 사람, 특히 여성에게 더 좋은 식품으로 생리통 완화, 냉증 치료에 도움이 된다. 그러나 몸에 열이 많은 사람에게는 맞지 않는 식품이며 술과 함께 마시는 것은 더욱 좋지 않다.

부추발효액 만들기

담금시기
연중(노지재배 4월 ~ 6월)

 황금비율 | 부추 : 설탕 = 100% : (50% + 25%)

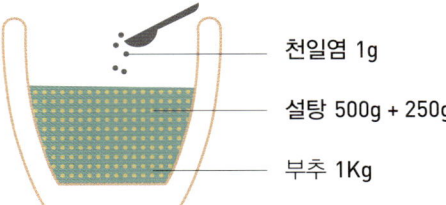

- 천일염 1g
- 설탕 500g + 250g
- 부추 1Kg

• 부추는 당질이 많고 발효가 왕성하여 설탕을 한꺼번에 넣으면 발효를 둔화시킬 수 있어 2번 이상 나누어 넣는 것이 좋다.

 **고르기**

1. 겨울을 지낸 2~3월의 부추로 잎줄기가 너무 크거나 두껍지 않은 것
2. 줄기가 통통하고 부드러우며 탄력이 있는 것
3. 몸통의 흰 부분이 길고 잎은 진한 녹색이면서 부추향이 진한 것

 담그기

1. 뿌리 부분의 흙을 없애는 정도로 흐르는 물에 가볍게 씻는다.
2. 채반에 밭쳐 물기를 제거하고 뿌리 부분의 잡질만 제거한다.
3. 줄기를 2~3 토막의 일정한 크기로 잘라 설탕 500g에 버무려 담고 천일염을 넣는다.
4. 항아리의 입구를 한지로 덮은 뒤 묶어주고 뚜껑을 닫아 통풍이 잘 되고 그늘진 곳에 보관한다.

부추발효액을 만들고 남은 부추를 장기간 보관할 때에는 신문지에 싸서 두면 보존기간을 늘릴 수 있다.

🥄 발효 및 발효액 분리

1. 부추는 뜨거운 소재로 발효가 왕성하고 삼투가 빠르기 때문에 **담금 다음날**부터 가라앉은 설탕이 잘 녹을 수 있도록 섞어준다. 섞어주는 과정에서 발효액이 끓어넘칠 수 있으므로 천천히 저어주며 관리한다.

2. 담금일 기준 4일이면 삼투가 완성되므로 부추건지와 발효액을 분리한다. 분리한 건지의 상태가 데친 것처럼 보이는데 섬유조직은 질겨진 상태다.

3. 담금일 기준 7~10일 후에 나머지 설탕 250g을 넣어주는데 한꺼번에 넣으면 끓어 넘치게 되므로 조금씩 나눠서 넣는다.

4. 분리일 기준 7일 이내, 14일 이내, 21일 이내, 30일 이내에 한 번 이상씩 섞어주어 발효액의 당도를 일정하게 유지시킨다.

5. 담금일 기준 3개월 후부터 마실 수 있는데 소스나 조미료 등에 사용할 때에는 3개월 이전의 발효 중인 것을 사용해도 괜찮다. 건지는 물에 가볍게 헹구어 나물로 무쳐 먹어도 좋다.

• **부추요구르트**
부추건지와 요구르트를 믹서기에 넣고 함께 갈면 녹차라떼 색깔을 띠며 부추 특유의 향이 줄어들어 먹기에 좋다.

물에 가볍게 씻은 후 뿌리의 잡질을 제거한다.

적당한 크기로 잘라 설탕과 버무린다.

4일째 건지와 발효액을 분리하고 잘 섞어준다.

발효 초기 빠르게 섞거나 설탕을 한꺼번에 넣으면 끓어 넘칠 수 있다.

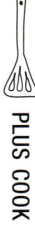

PLUS COOK

부추발효액으로 스태미나를 충전하다
장어꽈리고추볶음

재료

손질된 장어 1마리
꽈리고추 12개
생강 1톨
마늘 3쪽
마른 홍고추 1개
소금 약간

부추발효액 볶음양념장

간장 2큰술
부추발효액 2큰술
쌀조청 1큰술
참기름 1작은술
깨소금 1작은술
소금 약간

여름철 보양식 장어와 꽈리고추에 부추발효액을 더하면 한여름 무더위도 거뜬히 이겨낼 수 있다. 장어는 이미 스태미나의 원천으로 잘 알려져 있고 제철에 먹는 꽈리고추의 맛과 영양은 뛰어나다. 여기에 부추발효액이 가미되면 장어의 영양과 맛을 충분히 끌어낼 수 있다.

 **만드는법**

1. 손질된 장어 껍질에 칼날을 대고 긁고 종이타월로 앞뒤를 말끔하게 닦은 뒤 2cm 폭으로 썬다.
2. 꽈리고추는 씻어서 꼭지를 떼어내고 반으로 어슷하게 썰고 생강과 마늘은 굵게 채 썬다. 마른 홍고추도 가위로 잘게 잘라 씨를 턴다.
3. 냄비에 기름을 넉넉하게 두르고 손질한 장어와 생강, 마늘, 마른 홍고추를 한데 넣고 볶는다.
4. 향신채의 향이 장어에 배이면 꽈리고추를 넣고 부추발효액 볶음양념장을 모두 붓고 조리듯이 중간 불에서 볶아 소금으로 간을 해서 완성한다.

✪ **장어 뼈 양념장**

장어머리와 뼈는 깨끗이 씻어 냄비에 참기름을 두르고 볶다가 물을 부어 끓여 육수를 만든다. 장어 뼈 육수에 고추장, 다진 생강, 마늘, 정종, 참기름, 물엿을 넣어 끓인 후 국간장으로 간을 하면 양념장으로 사용할 수 있다.

피를 맑게 해주는 알리신이 한가득
마늘

대산(大蒜), Garlic

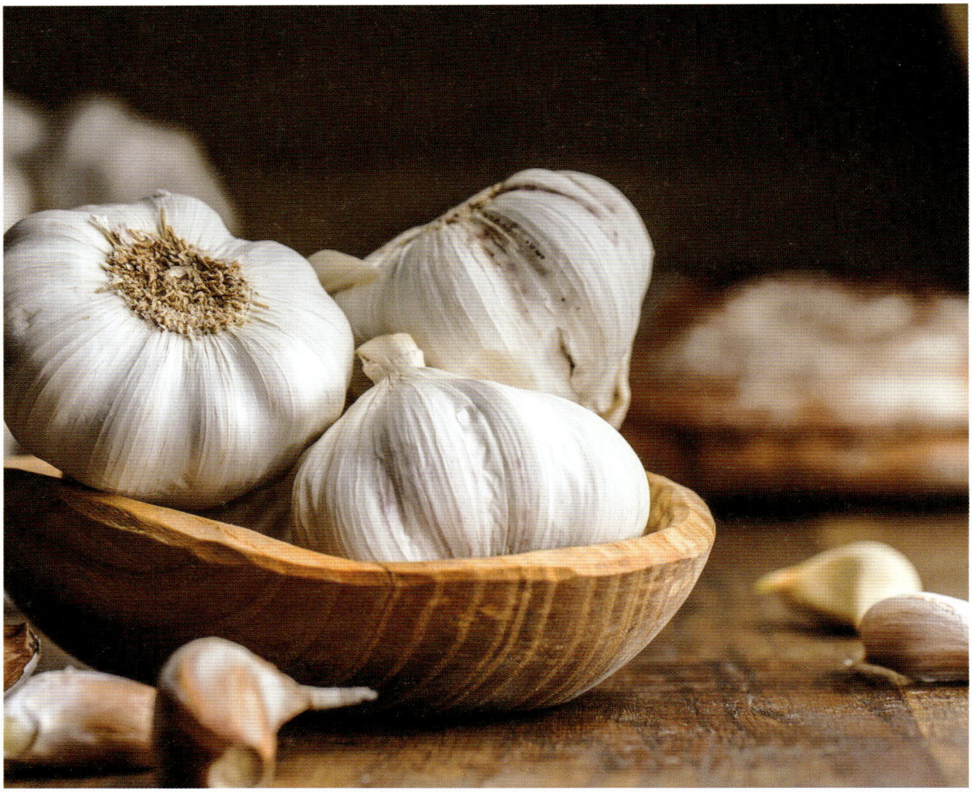

● **이런 분에게 좋아요!**

나이가 들면 똑같은 양의 음식을 먹어도 체력이 떨어지죠? 피로가 풀리지 않고 계속 쌓이기 때문인데요. 이럴 때는 마늘발효액을 먹으면 좋습니다. 마늘에는 피로회복은 물론 신진대사를 원활하게 해주는 알리신이 들어 있기 때문입니다. 이제 마늘발효액으로 활기찬 하루를 보내세요!

마늘의 독한 냄새가 싫다면 마늘발효액을 만드세요

마늘을 먹고 사람이 됐다는 곰의 이야기는 우리나라 사람이라면 누구나 알 것이다. 그만큼 오래 전부터 재배되었을 마늘은 강한 냄새를 제외하고는 100가지 이로움이 있다고 하여 일해백리(一害百利)라 한다.

● **마늘의 성분과 효능은 무엇일까?**

오래전부터 마늘이 몸에 좋다고 알려진 것은 '알릴(allyl)'이라는 유황화합물 때문인데 마늘조직이 상하는 순간 조직 안에 있던 알리나제 효소와 작용해 '알리신'을 만들어낸다. 알리신 성분 때문에 마늘은 매운맛을 내고 독한 냄새를 풍기지만 지질과 결합해 피를 맑게 하고 세포 활성화와 혈액순환을 촉진시켜 몸을 따뜻하게 해주고 통증을 완화시켜주는 등 다양한 효능을 갖고 있다. 비타민B1과는 선택적으로 결합해 알리티아민이라는 활성비타민B1으로 변화하며 체내에 저장되어 피로회복과 신진대사 작용을 원활하게 한다. 다만 알리신은 위벽을 자극하기 때문에 공복에 섭취하는 것은 피한다.

마늘을 발효시키면 갈색을 띠며, 삼투와 발효과정에서 냄새의 원인이 되는 유황화합물이 휘발돼 줄기 때문에 섭취 후 불쾌감이 적고 체내흡수율이 빠르다. 폴리페놀류 함량도 증가해 항산화력이 생마늘보다 10배 이상 커지므로 마늘발효액으로 만들어 먹는 게 좋다.

마늘발효액 만들기

담금시기
5월 ~ 7월

 황금비율 | 마늘 : 생수 : 설탕 = 100% : 100% : (90% + 30%)

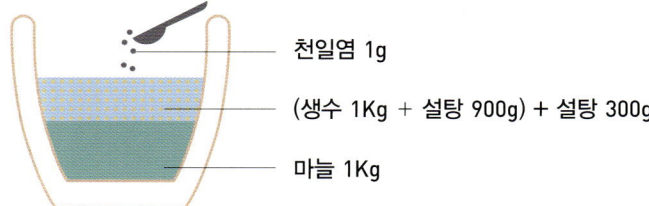

- 천일염 1g
- (생수 1Kg + 설탕 900g) + 설탕 300g
- 마늘 1Kg

 수분손실과 청변현상이 나타난 저장마늘은 사용하지 않는다.

 고르기

1. 5월 ~ 7월 초에 수확한 것으로 쪽이 크고 단단하며 꽉찬 것
2. 크기와 모양이 일정하며 쪽 사이가 빈틈없이 밀착된 것
3. 연분홍색의 매끄러운 껍질에 싸여 윗부분이 열린 것

담그기

1. 마늘의 껍질을 벗겨내고 쪽으로 만드는데 밑동은 자르지 않는다.
2. 마늘 무게와 같은 양의 생수를 준비한다.
3. 생수 무게의 90%에 해당하는 설탕을 준비한 생수에 녹여 시럽을 만든다. 이때 물을 끓이면 안 된다.
4. 3의 시럽에 마늘을 잠기게 담고 천일염을 넣은 뒤 잘 섞어준다.
5. 항아리의 입구를 한지로 덮은 뒤 묶어주고 뚜껑을 닫아 통풍이 잘 되고 그늘진 곳에 보관한다.

✪ 발효 흑마늘

갈색으로 발효된 마늘건지를 전기 밥솥에 넣고 보온모드로 1주일간 숙성하면 흑색으로 변한다. 흑색으로 변한 건지를 서늘하고 어두운 곳에서 일주일 정도 말리면 발효 흑마늘이 된다.

발효 및 발효액 분리

1. 마늘이 설탕시럽에 잠기도록 수시로 섞어주면서 기포 발생을 관찰한다.
2. 담금일 기준 7일 정도에 기포가 떠오르고 거품이 발생하는 것으로 발효를 확인하면 마늘 무게의 30%에 해당하는 설탕을 붓는다.
3. 담금일 기준 3개월 정도 되면 마늘의 형태는 변함이 없으나 색깔은 옅은 갈색으로 변하면서 삼투추출과 발효가 완성된다. 이때 마늘과 발효액을 분리하는데 건지 활용계획이 없으면 마늘을 발효액에 담가두고 함께 먹어도 좋다.
4. 담금일 기준 3개월 후부터 마실 수 있다. 발효액의 옅은 마늘 냄새가 거슬리면 식초를 몇 방울 희석해서 섭취하면 개운하다. 또는 신맛이 나는 사과, 레몬과 같은 과일을 함께 갈아서 마시거나 과일발효액과 섞어서 마시는 것도 좋다.

마늘은 수분이 거의 없기 때문에 설탕시럽에 담근다.

마늘을 삼베망에 넣어 시럽에 담그면 삼망을 넣었다 뺐다 하는 것으로 섞어주는 과정을 대신한다.

한지를 덮어 통기상태를 유지하여 발효시킨다.

발효액과 분리한 마늘건지는 모양은 그대로이지만 색은 갈색이다.

PLUS COOK

마늘발효액으로 조림장의 짠맛을 부드럽게
콩조림

재료

검정콩 300g
(서리태 또는 흑태)
마른 청양고추 2개
(매운 홍고추)
마늘 8쪽
마늘발효액 5큰술
간장 1/2컵
북어대가리 끓인
육수 1과 1/2컵
쌀조청 1/3컵
검정깨, 통깨 약간씩

마늘발효액을 넣어 만든 조림장을 끓여 콩조림을 하면 설탕의 사용량을 줄이는 동시에 콩 특유의 비린맛도 함께 잡을 수 있다. 또 통마늘에서 나오는 향과 맛도 있지만 마늘발효액이 주는 깊은 마늘 향과 맛이 있어 조림장의 짠맛도 상쇄시켜주고 좀 더 부드러운 맛을 낼 수 있다.

 **만드는법**

1. 검정콩은 깨끗하게 씻어 1시간 정도 물에 불려 놓는다.
2. 냄비에 북어대가리를 볶다가 생수를 붓고 30분 정도 끓여 육수를 만든다.
3. 2의 육수를 베보자기에 걸러 국물만 받아 식힌다.
4. 마른 청양고추를 1cm 폭으로 썬다.
5. 마늘은 편썰기한다.
6. 냄비에 북어대가리 끓인 육수와 간장을 넣고 끓인다.
7. 6의 육수가 펄펄 끓으면 마늘발효액과 마른 청양고추, 마늘을 넣어 끓인다.
8. 7의 냄비에 1의 불린 콩을 넣어 조린다.
9. 8의 콩에 맛이 살짝 베이면 쌀조청을 넣어 바싹 조린다.
10. 검정콩에 간이 베이면 불에서 내려 물엿을 넣어 버무린다.
11. 10의 검정콩에 검정깨, 통깨를 넣어 고루 섞어 완성한다.

신진대사를 원활하게 해주는 퀘르세틴 풍부
양파

양총(洋蔥), onion

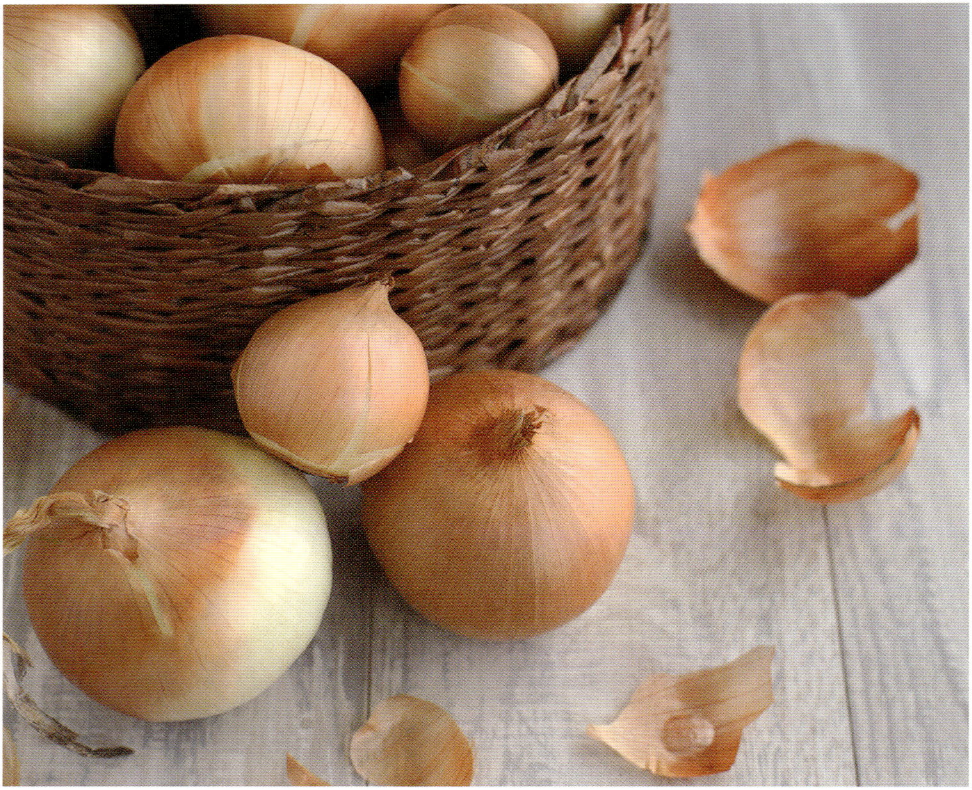

● 이런 분에게 좋아요!

고혈압 약을 매일 복용하고 있으신가요? 고혈압 환자는 심장질환과 뇌질환에 취약하기 때문에 조심해야 합니다. 양파에는 혈행을 도와줘 고혈압 개선에 유용한 성분인 퀘르세틴과 컴퍼롤, 황화알릴 성분이 들어 있습니다. 이제는 양파발효액 한 잔으로 고혈압 걱정에서 탈출하세요!

껍질에 영양 성분이 더 많아요

양파는 껍질의 색에 따라 종류가 달라지는데 흰색, 노란색, 자주색으로 다양하다. 우리나라는 주로 노란색 양파가 재배되며 일부 지역에서 자주색 양파를 생산한다. 양파는 상대적으로 크고 둥글수록 매운맛이 강하고 저장성이 높으며 당도도 높다.

● 양파의 성분과 효능은 무엇일까?

양파의 주요 성분은 퀘르세틴과 켐퍼롤로 양파의 안쪽보다 양파 껍질에 퀘르세틴은 300배, 켐퍼롤은 10배나 많이 함유되어 있다. 퀘르세틴과 켐퍼롤은 항산화, 고혈압 개선, 동맥경화, 심장질환 예방, 갱년기 증상 개선, 콜레스테롤 감소, 시력 개선, 괴혈병과 출혈성 질병 치료, 소화촉진, 생리불순 치료, 이뇨 작용 등 대사증후군에 효과가 있는 필수 식품이다. 양파의 글로코키닌 성분은 인슐린 분비를 촉진, 혈당을 내리는 효능이 있어 당뇨병의 예방과 개선에 도움을 준다. 양파를 손질할 때 눈물이 나는 것은 황화알릴 성분 때문이다. 이는 혈액을 정화하고 응고를 억제하여 동맥경화와 혈전 예방 효과가 있고 고혈압 개선과 뇌졸중을 예방하며 혈액순환을 촉진시켜 위장기능을 강화하고 체력을 보강하는 효과가 있다.

양파를 효소발효시키면 매운맛은 순화되고 겉껍질의 약간 쓴맛과 알뿌리의 단맛까지 우러나 음용하기에 유리하다.

HOW TO MAKE

양파발효액 만들기

담금시기
5월 ~ 7월

황금비율 | 양파 : 설탕 = 100% : 75%

- 천일염 1g
- 설탕 750g
- 양파껍질 삼베망
- 양파 1Kg

봄에 출하되는 조생종의 경우 매운맛이 적고 껍질이 부드러우며 싱싱하다.

🥣 고르기

1. 매운맛이 강한 만생종으로 잘 건조된 것
2. 외피가 단단하고 적황색이며 상처가 없는 것
3. 윗면의 뿌리 부분을 눌렀을 때 단단하고 껍질에 광택이 있는 것
4. 싹이 나지 않고 뿌리가 없는 것

🫙 담그기

1. 껍질과 뿌리 부분에 묻은 이물질을 털어낸다.
2. 뿌리를 잘라내고 껍질부위를 벗겨 가식부*를 분리한다.
3. 껍질부분은 가급적 물에 담그지 않고 빨리 씻어 삼베망에 분리하여 넣은 뒤 항아리에 담는다.
4. 가식부는 적당한 크기로 자른다. 이때 작게 자를수록 발효과정이 빠르고 왕성하다.

5. 4의 양파와 설탕의 80%를 교대로 담은 뒤 남은 20%의 설탕으로 이불을 덮고 천일염을 넣는다.

6. 항아리의 입구를 한지로 덮은 뒤 묶어주고 뚜껑을 닫아 통풍이 잘 되고 그늘진 곳에 보관한다.

*가식부 식품 중 식용에 알맞은 부분

> ✿ **식초와 함께 마셔요**
> 양파발효액을 마신 후에 양파의 강한 냄새를 없애려면 신맛의 과일이나 식초를 섞어 먹으면 냄새를 감소시킬수 있다.

발효 및 발효액 분리

1. 항아리 바닥에 녹지 않은 설탕이 없도록 수시로 섞어주어 항아리 내 당도가 균일하게 되도록 한다.

2. 담금일 기준 7일 정도에 양파가 떠오르고 거품이 발생하는 것으로 발효를 확인하면 양파와 발효액을 분리한다. 삼베망에 넣은 껍질은 건져내지 않고 1개월 정도 더 담가 둔다.

3. 분리일 기준 7일 이내, 14일 이내, 21일 이내, 30일 이내에 한 번 이상씩 섞어주어 발효액의 당도를 일정하게 유지시킨다.

4. 양파의 발효는 빨리 진행되므로 **담금일 기준 2개월**이면 마실 수 있다. 단 당뇨환자 또는 당분 흡수에 민감한 사람은 **담금일 기준 3개월 이후**에 마시기를 권한다.

양파껍질을 따로 모아 삼베망에 넣어 함께 발효한다.

설탕이불이 녹기 시작하면 잘 섞어준다.

양파를 잘게 자르면 삼투와 발효가 유리하다.

건지분리 후에도 양파껍질을 발효액과 함께 더 발효시킨다.

PLUS COOK

양파발효액으로 고기를 연하고 부드럽게
고기모듬채소잡채

재료

쇠고기(등심 불고기감) 350g
양파발효액 3큰술
파프리카 1개
어린 쌈채소 200g
소금, 후춧가루 약간씩

잡채양념장

양파발효액 1큰술
간장 2큰술
쌀조청 1큰술
다진 파 1큰술
다진 마늘 1작은술
참기름 1큰술
깨소금 1큰술

고기를 이용해 잡채를 만들 때 먼저 고기의 밑간을 위한 과정이 필요한데 양파발효액을 사용하면 고기의 잡내를 잡아주는 역할과 동시에 양파로 인해 고기가 연해지는 연육작용도 함께 있어 일석이조의 효과를 얻을 수 있다. 또 양파의 숙성된 향과 맛이 음식에 그대로 녹아들어가 풍미를 살려줘 맛이 훨씬 더 깊어진다.

 **만드는법**

1. 쇠고기는 등심 불고기감으로 준비해서 얇게 슬라이스 해서 사방 5cm 크기로 썬다.
2. 고기를 양파발효액, 소금, 후춧가루로 버무려 밑간하면서 고기가 연하게 되도록 20분 정도 재워둔다.
3. 파프리카는 반을 갈라 씨를 빼고 곱게 채 썰고 어린 쌈채소는 씻어 물기를 턴다.
4. 잡채양념장을 만든다.
5. 팬에 2의 고기를 볶아내어 큰 볼에 담고 4의 잡채양념장으로 버무린 후에 파프리카와 쌈채소를 넣어 버무려 그릇에 담아낸다.

항산화, 항암 작용이 뛰어난 리코펜이 한가득
토마토

일년감, 번가(番茄), 남만시(南蠻柿)

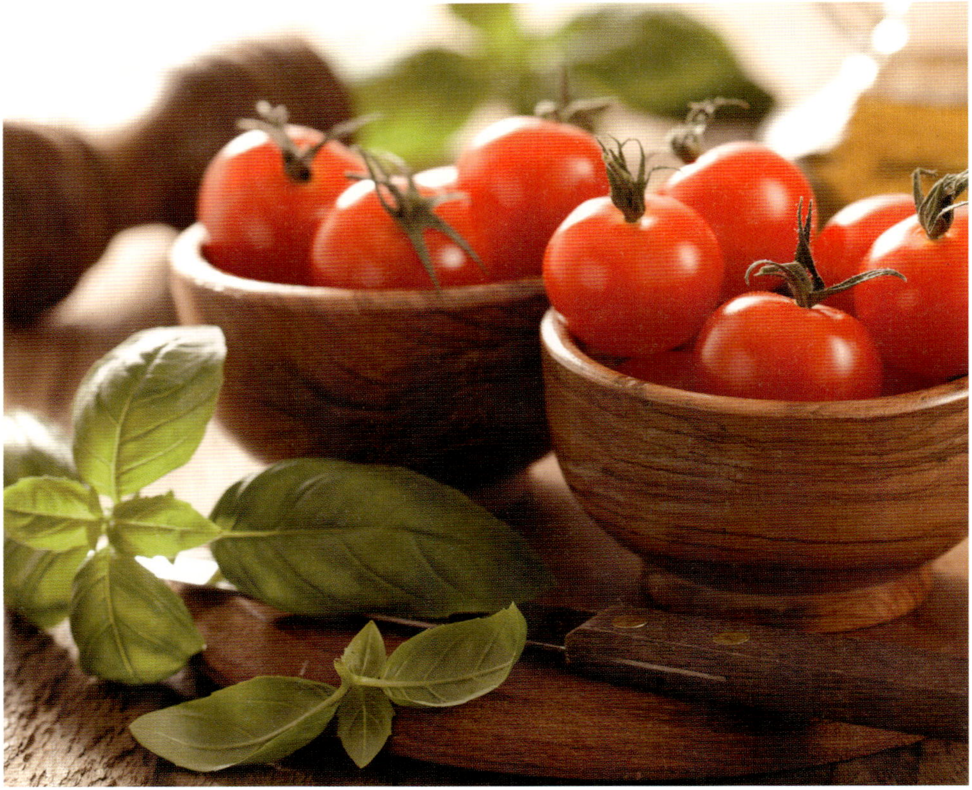

● **이런 분에게 좋아요!**

요즘 나홀로족이 늘어나면서 반반 요리를 즐기는 사람들도 많아졌습니다. 토마토는 채소와 과일의 특성을 모두 갖고 있어 반반이 아닌 두배 식품입니다. 그리고 항산화작용에 항암효과까지 탁월하고 비타민과 무기질도 가득합니다. 토마토발효액으로 채소와 과일을 2배로 드세요!

건강은 과일과 채소 특성을 모두 가진 토마토에 맡기세요

'토마토가 빨갛게 익으면 의사 얼굴이 파랗게 된다'는 유럽 속담이 있다. 잘 익은 토마토를 먹으면 의사가 필요치 않을 정도로 건강과 영양에 좋은 식품이라는 뜻이다. 토마토는 타임지가 선정한 '암을 예방할 10대 건강식품'으로 과일과 채소의 두 가지 특성을 모두 갖고 있다.

● **토마토의 성분과 효능은 무엇일까?**

토마토의 빨간색 속에 함유되어 있는 리코펜은 노화의 원인인 활성산소를 억제하며 유방암과 전립선암, 소화기계통의 암 예방에 뛰어나다.

채소나 과일에 들어 있는 질산염은 체내에서 환원되어 아질산염이 되고, 아질산염은 식품 내의 아민, 아미드류와 만나면 발암물질인 니트로소아민을 생성한다. 그런데 토마토에 풍부한 P쿠마릭산과 클로로겐산은 식품 속의 질산과 결합하여 니트로소아민으로 변형되기 전에 체외로 배출시키는 강력한 항암물질이다.

이 외에도 트립토판이 풍부해 인체의 항상성유지에 꼭 필요한 신경전달물질인 세로토닌 생성에 도움이 된다. 그리고 고혈압 치료 효과가 뛰어난 루틴, 과다염분을 배출시켜주는 칼륨, 단백질의 합성 및 분해와 세포의 성장에 관여하는 비타민B6 등 다양한 성분이 있다.

토마토는 몸을 차게 하기 때문에 위장이 약한 사람이나 냉증이 있는 사람은 많이 먹지 않는 것이 좋다.

토마토발효액 만들기

담금시기
연중(노지재배 7월 ~ 8월)

 황금비율 | 토마토 : 설탕 = 100% : 85%

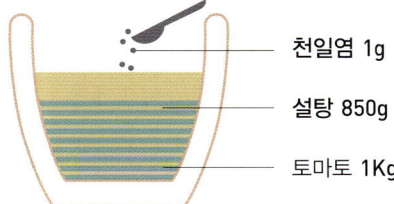

천일염 1g
설탕 850g
토마토 1Kg

떫은맛의 덜 익은 토마토에는 솔라닌(solanine) 독소가 있으므로 사용하지 않는다.

 **고르기**

1. 대개 토마토는 덜 익었을 때 수확하여 후숙 과정을 거쳐 유통하므로 가능하면 7~8월 노지에서 붉게 익은 것
2. 곱게 완숙된 모양으로 외관상 윤택이 나고 짙은 색이 고르게 퍼져 있으면서 과피가 갈라지지 않고 단단한 것
3. 단맛이 풍부한 것
4. 꼭지의 절단 부분이 싱싱하고 색깔이 선명한 것
5. 유기농, 무농약으로 제철에 노지 재배한 것

 **담그기**

1. 흐르는 물에 토마토를 담가 꼭지를 떼어낸 뒤 채반에 건져 물기를 제거한다.
2. 설탕을 20%와 80%로 나눈다.

3. 적당한 크기로 토마토를 자르는대로 산화되기 전에 바로 항아리 안에 설탕 80%와 교대로 층층이 담는다.
4. 모두 담은 뒤에는 설탕 20%를 이불로 덮어주고 천일염을 넣는다.
5. 항아리의 입구를 한지로 덮은 뒤 묶어주고 뚜껑을 닫아 통풍이 잘 되고 그늘진 곳에 보관한다.

발효 및 발효액 분리

1. 담근 당일부터 토마토와 발효액을 섞어줘도 될 만큼 삼투현상과 발효가 빠르게 진행되므로 매일 1~2회 항아리 바닥에 가라앉은 설탕이 모두 녹을 수 있도록 잘 섞어준다.
2. 담금일 기준 2일 정도 지나면 효소발효가 진행된다.
3. 담금일 기준 5~7일 이내에 발효액 위로 떠오른 토마토 건지와 발효액을 분리한다.
4. 분리일 기준 7일 이내, 14일 이내, 21일 이내, 30일 이내에 한 번 이상씩 섞어주어 발효액의 당도를 일정하게 유지시킨다.
5. 담금일 기준 3개월 후부터 다른 소재의 효소발효액과 섞어서 마시거나 건지와 생과일을 함께 믹서에 갈아서 먹으면 식감과 맛이 뛰어나다.

> ★ 건지를 다른 과일과 믹서기로 갈아 마실 계획이면 발효액과 소재를 분리하지 않고 담가 둔 채로 발효를 진행하며 필요할 때마다 덜어내어 사용한다.

설탕이불 위에 천일염을 추가한다.

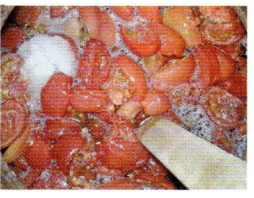
담근 당일부터 잘 섞어준다.

발효 5일째, 발효액 위로 토마토 건지가 떠오른다.

발효 7일째, 건지와 발효액을 분리한다.

PLUS COOK

토마토발효액으로 피부미인을 꿈꾸다
새우살오이샐러드

재료

오이 1개
시판냉동새우(칵테일 새우) 300g
베이비 싹채소 1/2팩
실파 3대
붉은 고추 1개
소금 약간
올리브오일 약간

**토마토발효액
샐러드 드레싱**

토마토발효액 2큰술
간장 2큰술
생수 2큰술
다진 양파 2큰술
다진 마늘 1큰술
쌀조청 1큰술
참기름 1큰술
깨소금 1큰술

오이는 충분한 수분 섭취가 가능하면서 이뇨작용을 도와주기 때문에 몸 속 노폐물을 제거할 수 있고, 새우는 칼로리가 낮고 지방 함량이 낮은 데다 부종을 빼주는 효과가 있다. 여기에 토마토발효액의 비타민을 함께 섭취하면 피부까지 생각하는 건강한 다이어트 식단이 될 것이다.

 **만드는법**

1. 오이는 소금에 문질러 씻은 뒤 동그랗게 편 썬다.
2. 끓는 물에 1의 오이와 올리브 오일, 소금을 넣어 살짝 데쳐낸 뒤 찬물에 헹궈 식힌다.
3. 냉동새우는 소금물에 헹궈 건져낸 뒤 끓는 물에 살짝 데쳐 찬물에서 헹구고 건진다.
4. 베이비 싹채소는 씻어 물기를 털어낸다.
5. 실파는 2cm 길이로 썰고 붉은 고추는 반을 갈라 씨를 털고 2cm 길이로 채 썬다.
6. 토마토발효액을 넣은 샐러드 드레싱을 재료의 분량대로 넣어 잘 섞는다.
7. 볼에 2의 오이와 손질한 재료를 넣고 토마토발효액 샐러드 드레싱으로 버무려 그릇에 담아낸다.

✪ **오이 데치는 요령**
오이를 물에 데칠 때 올리브오일과 소금을 넣으면 오이의 색이 투명해지고 오이의 영양소가 파괴되지 않는다. 이때 오이를 되도록 얄팍하게 슬라이스 한다.

Chapter 2. 채소발효액 담그기 103

소화효소인 디아스타제 다량 함유
무

나복(蘿蔔), Radish

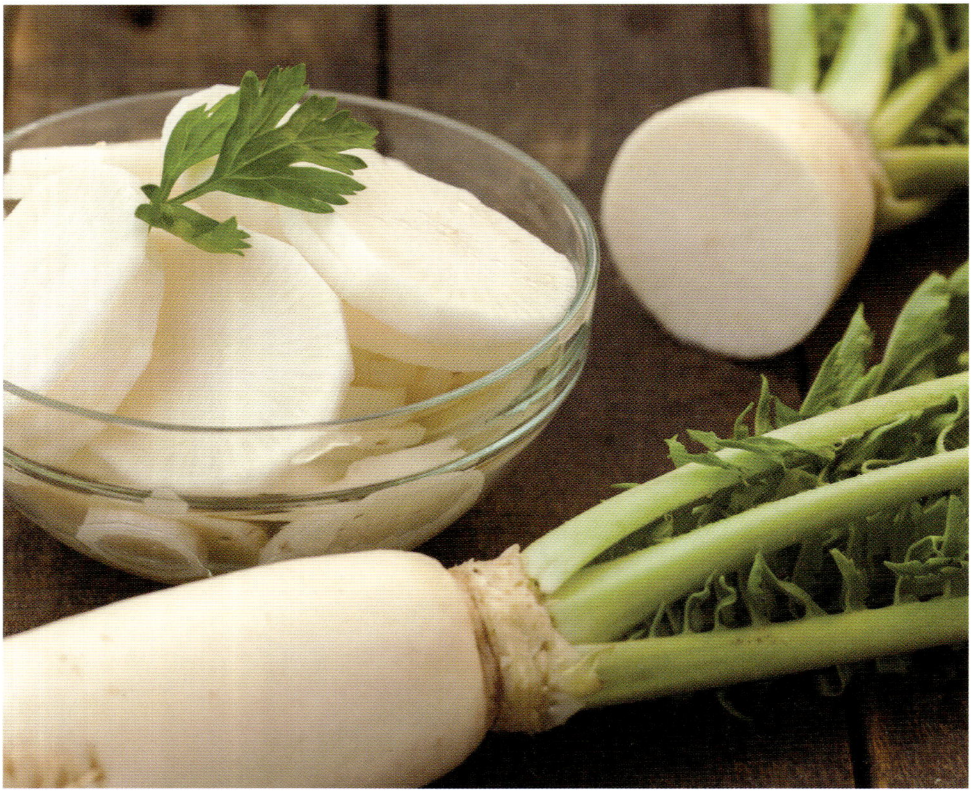

● **이런 분에게 좋아요!**

패스트푸드를 많이 먹는 요즘, 만성소화불량에 시달리는 사람들이 많습니다. 이럴 때는 약부터 찾지 말고 천연소화제라 불리는 무를 함께 먹으면 도움이 됩니다. 무에는 소화를 돕는 효소와 식이섬유가 많아 위장을 튼튼하게 해줍니다. 무발효액과 함께 맛있는 음식 마음껏 드세요!

속이 더부룩할 때는
천연소화제인 무를 함께 드세요

'무 장수는 속병이 없다'는 속담이 있다. 그만큼 무는 예로부터 소화와 해독이 뛰어난 채소로 천연소화제의 역할을 해왔다. 떡을 먹을 때 동치미 국물을, 메밀국수에 무즙을, 설렁탕을 먹을 때 깍두기를 함께 먹는 이유도 소화를 잘 시키는 무의 효능 때문이다.

● 무의 성분과 효능은 무엇일까?

무에는 아밀라제, 디아스타제, 페루오키시타제 등 소화효소가 많이 있어 소화를 돕고 위장을 튼튼하게 만들며 해독 효과가 있어 과식, 과음, 밀가루 음식 섭취 시 도움이 된다. 특히 과식은 혈액을 끈적하게 오염시키는 원인이 되는데, 무의 소화효소가 혈액을 맑게 해서 혈액순환을 돕는다. 또한 무에 있는 식이섬유는 장내 노폐물 청소는 물론 유용한 세균의 기능 향상, 배설 촉진 효과가 뛰어나 변비와 대장암을 예방할 수 있다.

무는 특히 여름철 음식으로 좋은데 매운맛을 내는 유기화합물이 항균작용을 해 식중독 예방에 도움이 된다. 또 무는 비타민B와 C가 풍부하고 체내에서 비타민A로 전환되는 카로틴, 활성산소를 제거하는 카탈라제가 풍부하며 감기에 좋은 시니글린 등의 미네랄이 들어 있다.

생무는 소염과 몸을 식혀주는 작용을 하고, 익힌 무는 몸을 덥혀줘 혈액순환을 촉진시킨다. 무 껍질 부위에 비타민C의 함유량이 2배나 더 많이 들어 있으므로 껍질까지 먹는 게 좋고 발효액도 껍질째 담근다.

무발효액 만들기

담금시기
연중(노지재배 11월)

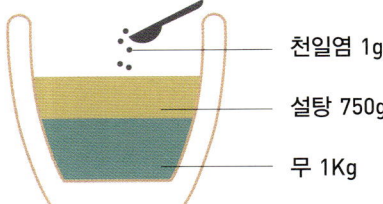

황금비율 | 무 : 설탕 = 100% : 75%

- 천일염 1g
- 설탕 750g
- 무 1Kg

 **고르기**

1. 맛이 달고 물이 많으며 껍질이 얇은 조선무
2. 몸통이 고르고 흰색을 띠며 깨끗하면서 단단한 것
3. 당도와 영양이 우수한 김장철의 무로 무청이 달려 있는 것

 담그기

1. 무의 뿌리부분에 묻어 있는 흙을 씻어내고 채반에 밭쳐 물기를 제거한다.
2. 건지 활용 방안에 따라 슬라이스, 깍둑썰기, 채썰기 등으로 써는데, 작게 썰수록 발효과정이 빠르고 왕성하다. 건지를 장아찌로 저장하려면 크게 썰어 담는다.
3. 2의 무를 항아리에 모두 담은 뒤에 설탕을 쏟아 넣고, 천일염을 첨가한다.
4. 항아리의 입구를 한지로 덮은 뒤 묶어주고 뚜껑을 닫아 통풍이 잘 되고 그늘진 곳에 보관한다.

발효액을 담글 때, 무에 함유되어 있는 비타민C는 껍질부위에 2배나 더 많이 들어있으므로 껍질을 벗기지 않고 사용한다.

✪ 우윳빛깔 발효액

맑은 발효액이 발효과정에서 우윳빛으로 탁해지는 것은 젖산발효에 의한 섬유소가 나타난 것으로 변질이 아니다.

발효 및 발효액 분리

1. 항아리 바닥에 녹지 않고 남아 있는 설탕이 없도록 **담금 당일**부터 수시로 섞어주어 항아리 내의 당도가 균일하게 유지되도록 한다.

2. 담금일 기준 5일 정도면 가스와 거품이 일어나는 것으로 발효상태를 확인할 수 있으며 삼투현상으로 필요 수액은 충분히 얻을 수 있으므로 무말랭이처럼 수축된 건지와 발효액을 분리한다.

3. 분리일 기준 7일 이내, 14일 이내, 21일 이내, 30일 이내에 한 번 이상씩 섞어주어 발효액의 당도를 일정하게 유지시킨다.

4. 무는 발효가 빠르고 왕성하게 진행되므로 **담금일 기준 2개월 후**면 일반 사람은 마셔도 된다. 당뇨인이나 당분 흡수에 민감한 사람은 **3개월 후**부터 마시는 게 좋다. 시간이 지나면 다소 신맛이 나는데 이는 유기산에 의한 것이므로 해롭지 않다. 약성과 맛, 취향을 고려하여 고구마, 사과, 고추 등 다른 소재 효소발효액을 한두 가지 혼합하여 마시는 것이 좋다.

• **무건지 발효장아찌**

간장 : 식초 = 5 : 2의 비율로 섞은 식초간장에 무건지를 2~3일 정도 침지시키면 맛있는 장아찌가 된다. 이때 식초 비율이 크면 신맛이 강해지고 침지 기간이 길어지면 염도가 높아지므로 입맛에 따라 적절하게 조정한다.

소재를 모두 담은 뒤에 설탕을 쏟아 넣는다.

담금 당일부터 수시로 섞어준다.

3일째. 삼투현상으로 무가 무말랭이처럼 수축된다.

5일째. 발효액 위로 떠오른 무건지를 분리한다.

무발효액의 순수한 단맛이 감칠맛을 만든다
표고버섯채견과류조림

재료

말린 표고 100g
호두 100g
햇땅콩 100g
잣 20g
통깨 약간

조림장

쌀뜨물 1컵
무발효액 3큰술
간장 5큰술
쌀조청 2큰술

무발효액은 부드럽고 달콤한 맛이 특징이다. 표고와 견과류만을 이용해 조림할 때 부족할 수 있는 깊은 맛을 더해주고 설탕을 대신한 순수한 단맛이 감칠맛을 더해준다. 신맛이 있는 발효액과 달리 달콤하고 부드러워 주재료의 맛을 크게 해치지 않아 버섯요리에 적당하다.

 만드는법

1. 말린 표고는 채 썬 것으로 준비해서 쌀뜨물에 조물조물 문질러 가면서 씻어 물기를 뺀다.
2. 햇땅콩과 호두, 잣은 모두 물에 살짝 헹궈 물기를 닦는다.
3. 냄비에 쌀뜨물을 붓고 끓으면 무발효액과 간장과 쌀조청을 넣어 끓인다.
4. 3에 햇땅콩을 넣고 한소끔 끓으면 표고채와 호두, 잣을 넣어 바싹 조리듯이 끓인다.
5. 땅콩의 햇내가 없고 맛이 들면 통깨를 뿌려 냉장 보관하여 밑반찬으로 먹는다.

❋ **무발효액 조청**
무발효액은 올리고당, 물엿, 일반 조청, 설탕을 대신하여 단맛을 더하는 건강조미료로 모든 조리에 잘 어울린다. 무발효액 대신 기타 산야초나 과일발효액을 조청으로 만들어서 요리의 종류에 따라 다르게 사용하면 음식의 풍미효과를 더하고 기능성 건강식품으로도 충분한 효과를 얻을 수 있다.

미세먼지 배출이 탁월한 사포닌 덩어리
도라지

길경(桔梗), Platycodon grandiflorum

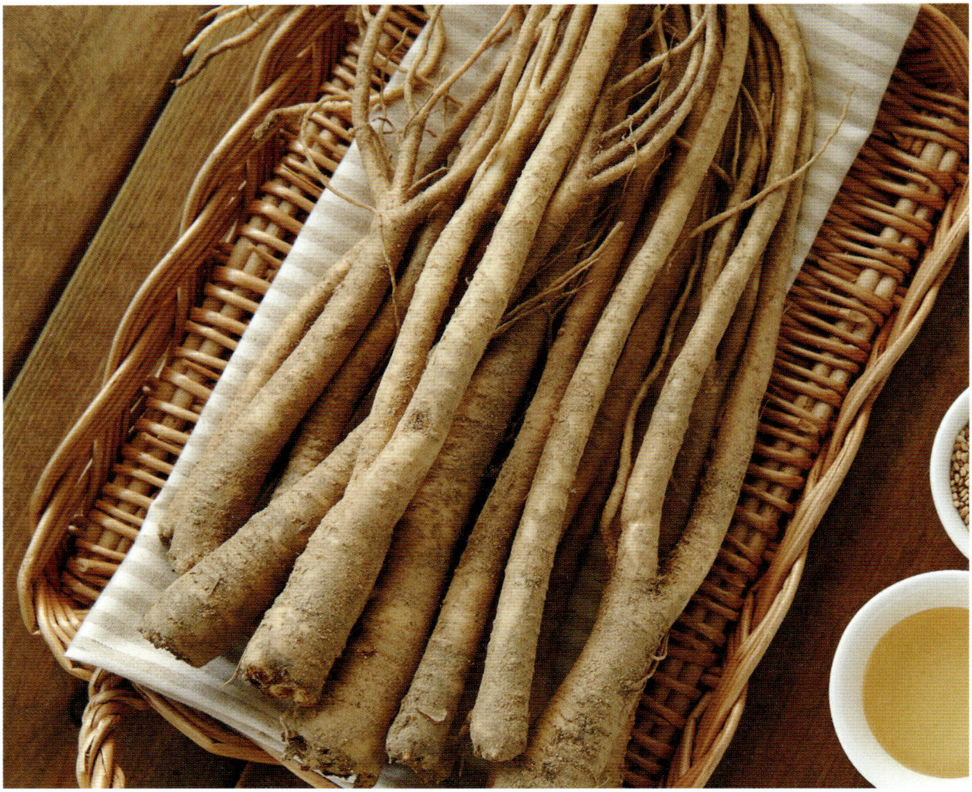

● 이런 분에게 좋아요!

미세먼지 걱정이 점차 많아지고 있죠? 공기정화 관련 식물이나 기기들이 인기라고 하는데 이미 우리 몸에 들어온 미세먼지는 어떻게 해야 할까요? 인체에 침투한 미세먼지를 배출시키고 면역력 강화에 좋은 도라지를 먹으면 됩니다. 도라지발효액으로 미세먼지의 위험으로부터 탈출하세요!

인삼과 도라지, 무엇이 똑같을까요?
사포닌 성분이 똑같아요

우리가 자주 만들어 먹는 산나물 중 하나가 도라지이다. 도라지는 약용, 식용, 관상용으로 두루 이용되고 있는데 식용은 2년 만에 수확하는 게 일반적이다. 국산은 뿌리가 가늘고 짧으며 잔뿌리가 비교적 많이 붙어 있는 게 특징이므로 중국산과 구별된다. 인삼의 모양새와 닮은 도라지는 주요 성분도 비슷하다.

● **도라지의 성분과 효능은 무엇일까?**

도라지는 인삼, 더덕 등과 함께 대표적인 사포닌 함유 식물이다. 사포닌 종류 중 트리테르페노이드계 사포닌은 기관지 분비를 항진시켜 가래를 삭히고 기침을 멈추게 하며 진정, 해열, 콜레스테롤 대사 개선, 항암작용 및 위산분비 억제기능을 하며 면역력 강화에 도움을 준다. 그리고 혈관의 중성지질을 분해, 배출하는 정혈작용으로 피를 맑게 해 고혈압과 당뇨 등 성인병에 좋으며 천식 및 치매 예방에도 효과적이다.

스테롤, 이눌린, 베툴린, 플라티코딘, 단백질, 당질, 칼슘, 철분, 회분, 인 등의 무기질이 많고 비타민B1과 B2도 함유되어 있는데 이눌린은 혈당을 강하하고 장을 튼튼하게 하며 숙취해소에 도움이 된다.

인삼과 조금 다른 점이 있다면 인삼의 효능이 기를 보완하고 축적하는 것이라면 도라지는 막힌 것을 뚫어 기를 통하게 해주는 효과가 있다는 점이다. 그리고 사포닌은 도라지의 뿌리뿐만 아니라 줄기와 잎, 껍질, 씨 등에도 함유되어 있으므로 발효액을 만들 때 함께 넣으면 좋다.

도라지발효액 만들기

담금시기
연중(10월 ~ 11월)

 황금비율 | (도라지 + 생수) : 설탕 = (100% + 100%) : 82%

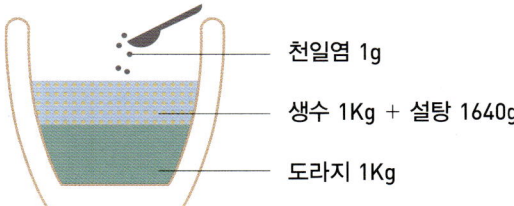

천일염 1g

생수 1Kg + 설탕 1640g

도라지 1Kg

- 배 또는 무와 함께 담글 때는 도라지와 같은 양으로 준비하고 설탕량을 총무게의 75%로 한다.

 고르기

1. 상대적으로 길이가 짧으며 잔뿌리가 많고 찢었을 때 동그랗게 말리지 않으며 껍질을 까지 않은 것
2. 씹었을 때 특유의 사포닌 향이 강하고 식감이 부드러운 것
3. 표면이 마르지 않아 신선하고 손으로 눌렀을 때 탄력감이 있고 탱탱한 것
4. 연중 유통되지만 10~11월에 수확한 것이 약성이 우수

 담그기

1. 10분 정도 물에 담가 두었다가 뿌리의 흙을 씻어내는데 겉껍질이 벗겨지지 않을 정도로 가볍게 씻는다.
2. 뇌두에는 이물질이 많이 붙어 있고 구토유발 물질과 옥살산이 있어 아린맛을 내고 입안을 쓰리게 하므로 뇌두는 제거하고 건지활용에 유리

⭐ **도라지 꽃의 발효**

도라지는 뿌리뿐만 아니라 잎과 줄기에도 사포닌 성분이 함유되어 있고 꽃필 무렵에 함유량이 많아지므로 함께 발효액으로 담글 수 있다. 때로는 꽃으로만 담그기도 한다. 만약 꽃과 줄기, 잎을 함께 발효시켰다면 역삼투현상이 나타나지 않도록 꽃과 줄기, 잎은 담금일 기준 7일 이내에 분리하는 게 좋다.

하도록 길게 세로 썰기를 한다.

3. 도라지와 같은 양의 생수를 준비하고 도라지와 생수를 합한 무게의 82%에 해당하는 설탕을 섞어 설탕시럽을 만든 뒤 도라지가 잠기도록 부어준 뒤 천일염을 첨가한다.
4. 항아리의 입구를 한지로 덮은 뒤 묶어주고 뚜껑을 닫아 통풍이 잘 되고 그늘진 곳에 보관한다.

 발효 및 발효액 분리

1. 담금일 기준 2~3일이 지났을 때, 상하로 잘 섞어 일정한 농도의 발효액에 도라지가 잠겨 있도록 한다.
2. 담금일 기준 10일 정도 되면 도라지 특유의 향과 함께 기포가 발생한다.
3. 담금일 기준 4~5주 정도 지나면 약리성분이 대부분 추출되므로 건지 활용 계획에 따라 필요한 양만큼 분리한다. 건지 활용 계획이 없다면 분리하지 않고 계속해서 담가두어도 된다.
4. 분리일 기준 7일 이내, 14일 이내, 21일 이내, 30일 이내에 한 번 이상씩 섞어주어 발효액의 당도를 일정하게 유지시킨다.
5. 담금일 기준 3개월 후에 마실 수 있다. 무, 생강 등과 잘 어울리며 기호에 따라 식초 한두 방울을 희석해서 마시면 풍미를 더할 수 있다.

🌟
돼지고기, 굴, 낙지 등의 냉성 식품과는 상극이므로 함께 먹지 않는다.

흙만 제거되고 겉껍질은 벗겨지지 않게 세척한다.

독성이 있는 뇌부분을 제거한다.

배 또는 무와 함께 담글 경우 도라지와 설탕을 같이 버무려 담는다.

설탕시럽을 만들어 담글 경우 도라지가 잠기도록 한다.

도라지발효액으로 기력을 회복시키다
된장삼계죽

재료

삼계탕용 닭 1마리 (650g)
녹두 1컵
수수 1/3컵
찹쌀 1/2컵
황기 약간
생수 1.5리터
된장 1과 1/2큰술
송송 썬 대파 약간
도라지발효액 약간

닭 삶을 향신채

도라지발효액 5큰술
대파뿌리 3~4개
대파 1대
마늘 8쪽
양파 1개
마른 홍고추 2개

닭은 예로부터 몸보신에 좋아 여름보양식으로 많이 먹던 식재료이다. 두뇌 성장을 돕는 단백질이 풍부하고 섬유질이 가늘고 연해 소화흡수도 잘 된다. 그래서 닭으로 만든 죽은 노인이나 어린이, 환자들에게도 좋은 음식이다. 여기에 인삼과 같은 효능을 가진 도라지발효액을 첨가하면 기력 회복에 도움을 준다.

 **만드는법**

1. 삼계탕용 닭은 물에 씻어 적당하게 토막을 낸다.
2. 냄비에 깨끗하게 씻은 황기를 넣고 대파뿌리와 대파, 마늘, 양파, 마른 홍고추를 넣어 생수를 붓고 끓으면 도라지발효액을 넣고 1의 닭을 넣어 삶는다. 보통 20분은 센불에서, 30분은 약한 불에서 은근하게 삶는다.
3. 베보자기에 황기와 함께 닭 삶은 국물을 걸러내고 닭살은 건져 찢는다.
4. 3의 국물을 식혀 기름기를 걷어내고 난 후에 냄비에 붓고 깨끗하게 씻어 불린 녹두와 수수, 찹쌀을 넣어 된장을 풀어서 죽을 쏜다.
5. 4에 닭살을 넣고 녹두와 수수, 찹쌀이 완전하게 퍼지도록 은근하게 약한 불에서 40분 이상 저어가면서 끓인다.
6. 그릇에 푹 퍼저 부드럽게 끓여진 삼계죽을 담고 도라지발효액에 버무린 송송 썬 대파를 올려 낸다.

우리 몸의 온도를 올려주는 진저롤 함유
생강

Ginger

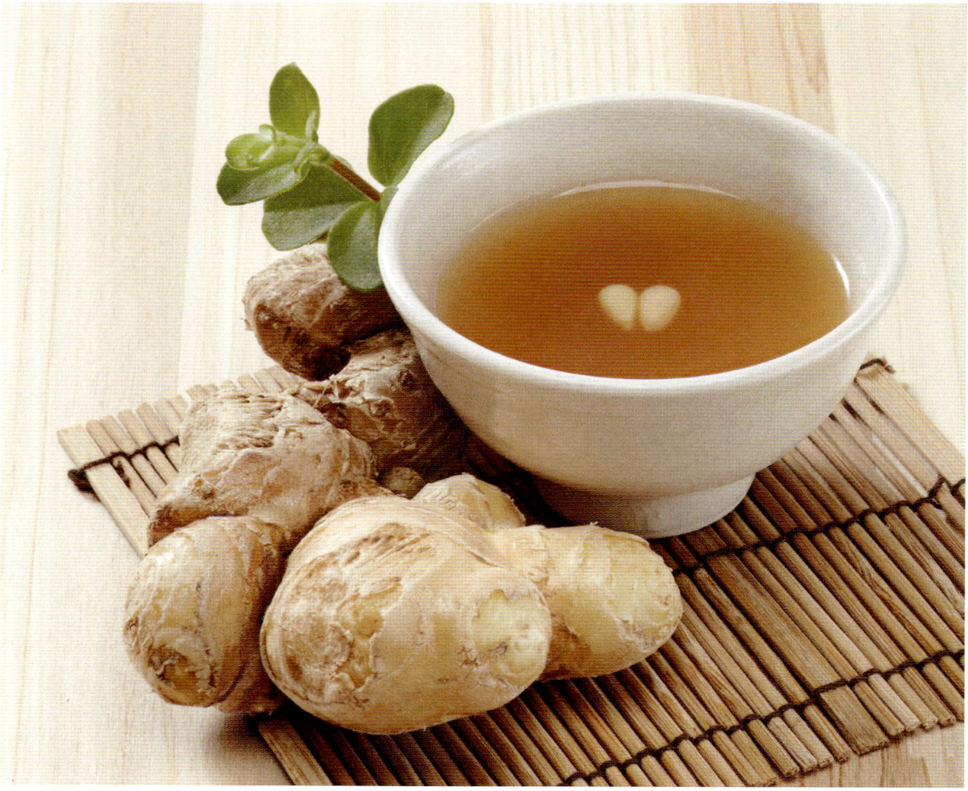

● 이런 분에게 좋아요!

여름, 겨울 상관없이 감기를 달고 사는 사람들이 있죠? 대부분 몸이 차가운 게 원인입니다. 이럴 때는 몸을 따뜻하게 데워줄 수 있는 생강발효액을 먹는 게 좋습니다. 생강에는 혈액순환을 좋게 해주는 성질이 있기 때문이죠. 생강발효액 한 잔으로 감기를 예방하세요!

몸이 따뜻해야
혈액순환이 잘 됩니다

계절 변화에 관계없이 현대인들은 저체온이 일상인 생활환경에 노출되어 있다. 체온이 1도 낮아지면 신진대사는 약 12%, 면역력은 30% 이상 저하되며 암세포의 증식은 체온 35℃에서 가장 왕성한 것으로 알려져 있다. 36.5℃의 적정 체온 유지를 위해서는 생강 섭취가 효과적이다.

● 생강의 성분과 효능은 무엇일까?

생강의 대표적인 성분은 진저롤(gingerol)과 쇼가올(shogaol)이다. 이는 캡사이신의 사촌쯤되는 성분으로 알싸하고 매운맛이 특징이다. 진저롤과 쇼가올은 중추신경계에 작용하는 대부분의 약물과는 달리 위장운동에 작용하여 구토를 예방, 치료하는 효과가 있다. 그리고 강한 살균력이 있으며 항산화작용으로 활성산소 제거와 식중독을 예방하며 담즙을 촉진시켜 핏속의 콜레스테롤을 없애 콜레스테롤 수치 상승을 억제한다. 또한 혈액 점도를 낮춰 혈액순환이 좋아지게 해 동맥경화를 예방한다.

생강 껍질에는 진기베롤(zingiberol), 진기베렌(zingiberene), 커큐민(curcumine), 피넨(pinene), 시트랄(citral), 보르네올(borneol) 등 400여 종의 정유성분이 들어있어 상호작용으로 다양한 약리성을 나타낸다. 그리고 특유의 향기를 내는 시네올 성분은 소염, 거담, 보온 작용을 한다.

몸이 차고, 감기 기운이 있을 때 생강발효액을 섭취하면 좋다.

생강발효액 만들기

담금시기
10월 ~ 11월

 황금비율 | 생강 : 설탕 = 100% : 85%

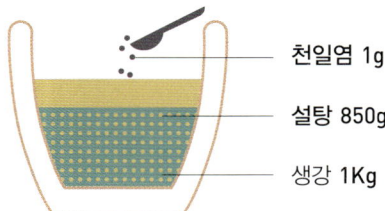

천일염 1g
설탕 850g
생강 1Kg

 고르기

1. 봄에 심어 10~11월에 수확한 국내산 근생강
2. 알이 굵고 울퉁불퉁하고 여러 조각이 붙어 있으며 상처, 주름이 없는 신선한 것
3. 황토색을 띠며 생강 고유의 향과 매운맛이 강하고 육질이 단단한 것

 담그기

1. 껍질에 붙어 있는 토양 미생물이 잘 씻겨나가도록 잠시 물에 담가 놓는다.
2. 흐르는 물에서 껍질의 손실이 적도록 조심해서 씻는다.
3. 채반에 밭쳐 물기를 제거한다.
4. 계량한 설탕을 20%, 80%로 나눈다.
5. 얇게 슬라이스한 생강편을 계량한 설탕의 80%와 버무려 항아리에 담는다.

 무농약 재배한 수확기의 줄기와 잎은 따로 삼베망에 넣어 함께 발효한다.

6. 남겨둔 설탕 20%를 설탕이불로 덮어준 후 천일염을 넣는다.
7. 항아리의 입구를 한지로 덮은 뒤 묶어주고 뚜껑을 닫아 통풍이 잘 되고 그늘진 곳에 보관한다.

✪ 생강간장

생강건지를 간장에 넣고 재워둔 채 사용하면 생강의 독특한 정유성분에 의해 고상한 풍미의 간장을 얻을 수 있다. 마늘건지와 마늘발효액을 일부 첨가해도 좋다.

 발효 및 발효액 분리

1. 담금 당일부터 삼투현상에 의한 생강액 추출과 발효가 빠르게 진행되므로 항아리 바닥의 설탕이 잘 녹을 수 있도록 매일 잘 저어준다.
2. 담금일 기준 3일이 지나면 기포 발생으로 발효를 확인할 수 있다.
3. 담금일 기준 5일째 생강과 발효액을 분리한다. 생강건지는 조직이 물러지지 않으므로 건지활용 계획이 없으면 그대로 담아두고 필요할 때 덜어 사용해도 된다.
4. 분리일 기준 7일 이내, 14일 이내, 21일 이내, 30일 이내에 한 번 이상씩 섞어주어 발효액의 당도를 일정하게 유지시킨다.
5. 담금일 기준 3개월 후 발효액은 매운맛이 부드러워져 아이들도 잘 마실 수 있다. 다른 소재의 발효액과 섞어서 마시거나 복숭아, 살구, 무화과 등 따뜻한 성질의 생과일과 함께 믹서에 갈아서 마시면 맛과 향이 좋다.

생강을 설탕에 버무려 담는다.

설탕이불을 덮어주고 천일염을 추가한다.

한지를 덮어 통기상태에서 발효시킨다.

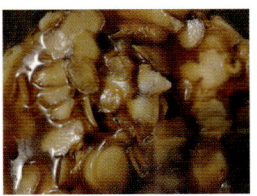
담금 당일부터 발효가 빠르게 진행된다.

PLUS COOK

생강발효액으로 냄새도 잡고 영양도 잡다
데친안심우엉버무리

재료

돼지고기 안심 600g
우엉 250g
청피망 1/2개
붉은 고추 2개
간장 1큰술
다진 마늘 1큰술
들기름 1큰술
포도씨유 1큰술
식초 1큰술
소금 약간
생강발효액 1큰술

생강발효액 데침물

생강발효액 4큰술
생강발효건지 5g
간장 2큰술
대파잎 3대
쌀뜨물 2컵

안심은 뻑뻑한 맛이 나도록 데치면 맛이 없다. 그래서 부드럽게 데쳐지도록 되도록 얄팍하게 썰고 향신채를 듬뿍 넣어 물에 푹 담가 데치는 것이 잡내도 없고 맛있다.

 만드는법

1. 돼지고기 안심은 얄팍하게 동그란 모양으로 썰어 소금을 약간 뿌려 밑간한다.
2. 냄비에 쌀뜨물을 붓고 끓으면 생강발효액과 생강발효건지, 간장, 대파잎을 넣고 끓인다.
3. 2에 1의 안심을 데친 뒤 체에 밭쳐 물기를 빼고 식힌다.
4. 우엉은 껍질을 벗기고 세로로 반을 갈라 어슷하게 저며 채 썰고 식초를 푼 물에 헹궈 건진다.
5. 청피망은 속의 씨를 도려내고 곱게 채 썰고 붉은 고추는 반을 갈라 씨를 도려내고 3cm 길이로 채 썬다.
6. 팬에 들기름과 포도씨유를 섞어 두르고 지글지글 끓어오르면 다진 마늘과 우엉을 볶는다. 우엉이 나른해지면 간장으로 맛을 내고 붉은 고추와 청피망을 함께 볶아 낸 뒤 소금으로 간을 맞춘다.
7. 그릇에 데친 안심을 돌려 담고 우엉과 채소 볶은 것에 생강발효액 1큰술을 뿌려서 소복하게 올려 상에 낸다. 채소를 버무려 데친 안심에 감싸 먹으면 아삭하게 씹히는 맛과 생강향이 더해진 고소한 안심의 맛이 일품이다.

대장운동을 도와주는 얄라핀 풍부
고구마

감서(甘薯), 번서(番薯), sweet potato

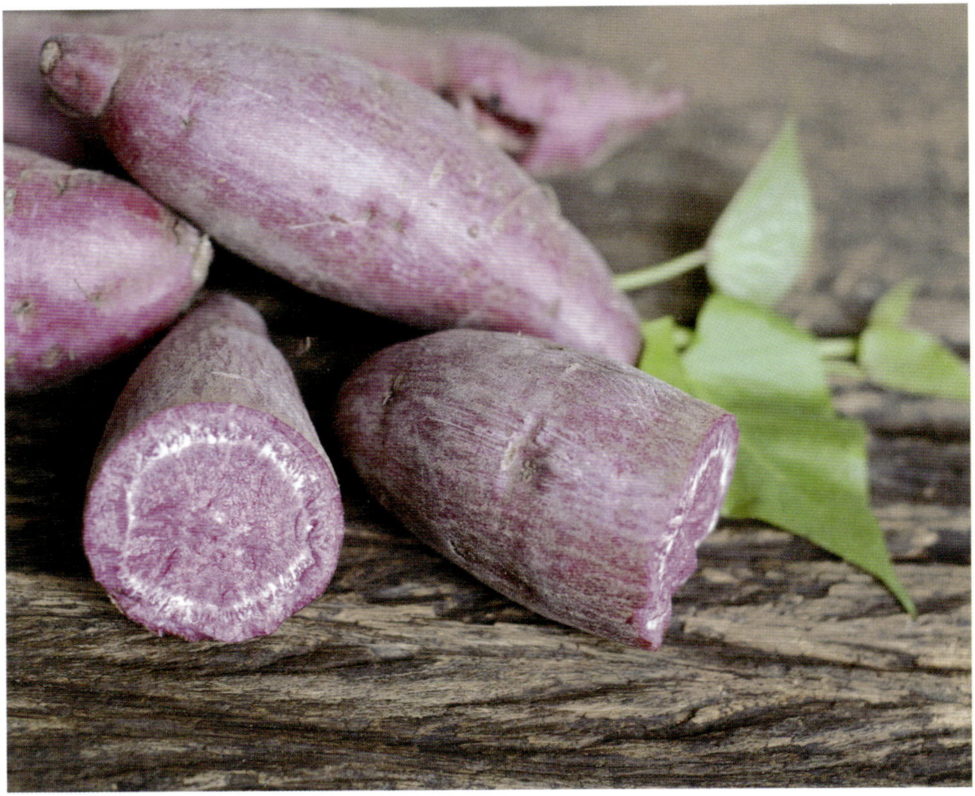

● 이런 분에게 좋아요!

변비가 심해 화장실을 가는 게 괴로우신가요? 이럴 때는 대장이 활발하게 운동할 수 있도록 도와주는 고구마발효액이 좋습니다. 제때 변을 보게 되면 몸 속의 독소가 없어지기 때문에 피부가 좋아지는 것은 덤이에요. 고구마발효액 먹고 변비에서 탈출하고 피부미인에 도전하세요!

고구마발효액 한 잔이면
아침마다 화장실 가는 게 즐거워집니다

고구마가 식량이 부족하던 시절 밥을 대신했던 구황작물에서 지금은 웰빙건강식품으로 주목 받고 있다. 미국공익과학센터 CSPI는 인류가 갖고 있는 최고의 음식 10가지 중 첫 번째가 고구마라고 했으며, 일본 가고시마 노인들의 장수 비결 식품도 고구마였다.

● **고구마의 성분과 효능은 무엇일까?**

생고구마를 자르면 하얀 수지성분의 진액이 나오는 것을 볼 수 있다. 이는 얄라핀(jalapin) 성분으로 배변을 돕는 작용을 해 대장암과 변비를 예방하고 치료하는데 도움을 준다. 콜레스테롤 흡착력이 다른 채소나 과일에 비해 뛰어나 혈중 콜레스테롤 농도를 적절히 유지시켜 주고 담즙 노폐물과 지방까지 흡착해서 체외로 배출하는 능력이 매우 뛰어나기 때문이다. 또한 대장운동을 활발하게 만들고 장 속의 세균 중 유익균 증식에 유리한 환경을 조성해 준다.

고구마는 칼륨이 많이 함유되어 있어 체내에 과잉섭취된 나트륨을 배출시켜 고혈압이나 뇌졸중 예방에 탁월하다. 그리고 자색고구마 껍질의 안토시아닌 성분은 세포의 노화를 막고 암세포의 증식을 억제하는 효과가 있으며 잎과 줄기에는 비타민이 풍부하다.

고구마를 먹었을 때 가스가 차는 것은 아마이드 때문인데 펙틴이 이를 중화시켜주므로 고구마발효액과 사과발효액을 함께 먹으면 좋다.

HOW TO MAKE

고구마발효액 만들기

담금시기
8월 ~ 10월

황금비율 | 고구마 : 설탕 = 100% : 65%

천일염 1g
설탕 650g
고구마 1Kg

- 고구마 줄기와 잎 : 설탕 = 100% : 75%
- 저장고구마는 건조된 상태이므로 저장기간에 따라 생수와 설탕을 보충한다.

 색깔이 다른 고구마는 섞어서 담그지 않는다.

 고르기

1. 껍질의 색이 선명하고 모양이 매끈하며 단단한 것
2. 상처난 고구마는 검게 변색되며 독소를 발생하므로 상처가 없는 것
3. 껍질에 잔털이 없고 황토 흙에서 자란 것
4. 서리가 내리기 전, 수확한지 1개월 이내인 것

담그기

1. 고구마와 잎, 줄기를 분리해서 세척한다.
2. 잎과 줄기는 씻은 후 적당한 크기로 잘라 설탕에 버무려 항아리에 담고 천일염을 넣는다.
3. 고구마는 흙을 잘 닦아낸 뒤 물기를 제거하고 자른다.
4. 고구마를 계량한 설탕의 80%와 버무려 다른 항아리에 담는다.

준비된 고구마의 잎과 줄기가 없으면 고구마로만 담가도 훌륭한 효소발효액을 얻을 수 있다.

5. 남겨둔 설탕 20%를 설탕이불로 덮어준 후 천일염을 넣는다.
6. 항아리 2개의 입구를 한지로 덮은 뒤 묶어주고 뚜껑을 닫아 통풍이 잘 되고 그늘진 곳에 보관한다.

발효 및 발효액 분리

1. 설탕이불이 녹기 시작하면 항아리 바닥에 녹지 않은 설탕이 없도록 수시로 섞어주어 항아리 내 당도가 균일하게 되도록 한다.
2. 담금일 기준 2~3일이 지나면 기포발생과 건지가 떠오르는 것으로 발효를 확인한다.
3. 담금일 기준 5일 이내에 잎과 줄기를 발효액과 분리한다.
4. 담금일 기준 7일 전후에 고구마와 발효액을 분리한다.
5. 3의 발효액과 4의 발효액을 함께 섞어 발효시킨다.
6. 분리일 기준 7일 이내, 14일 이내, 21일 이내, 30일 이내에 한 번 이상씩 섞어주어 발효액의 당도를 일정하게 유지시킨다.
7. 담금일 기준 3개월 후부터 마실 수 있다. 고구마발효액은 약간 신맛이 나는데 발효가 잘못된 것이 아니다.

자색고구마

고구마건지를 말리거나 튀겨서 간식으로 먹는다면 슬라이스로 썬다.

삼투추출이 완성된 7일째. 건지를 분리한다.

호박고구마

설탕이불이 녹기 시작하면 수시로 섞어준다.

3일째 발효거품을 확인할 수 있다.

고구마발효액으로 자연의 맛과 색을 입히다
양배추김치

재료

양배추 1통(800g)
쪽파 10대
청양고추 2개
당근 1/3개(50g)
굵은 소금 1/2컵
물 약간

양념장

붉은 고추 2개
찹쌀죽 1컵
다시마 우린 물 6컵
고구마발효액 1/4컵
고운 고춧가루 1/3컵
고추씨 1큰술
다진 마늘 1큰술
까나리액젓 4큰술
소금 약간

양배추는 쉽게 무르는 재료가 아니기 때문에 약간의 단맛을 첨가해 물김치로 먹어도 좋다. 대신 양배추가 달기 때문에 단맛이 너무 강한 설탕이나 청보다는 부드럽고 자연의 단맛이 있는 고구마발효액이 적합하다. 색 또한 고와서 물김치의 색감을 살려준다.

 만드는 법

1. 양배추는 4등분하여 손질한 뒤 소금물에 푹 담가 1시간 정도 절인다.
2. 쪽파는 2cm, 당근은 4cm 길이로 채 썰고, 청양고추는 반을 갈라 송송 썬다.
3. 큰 밀폐용기에 손질한 양배추를 두세 개씩 겹쳐 담고 당근, 쪽파, 청양고추를 넣은 뒤 준비한 양념장을 얹는다. 그리고 양배추와 재료를 겹겹이 담기를 반복한다.
4. 양배추가 양념에 충분하게 잠기게 한 뒤 반나절 정도 그늘에 두었다가 냉장고에 넣어 하루 정도 살짝 익혀 바로 먹는다.

양념장 만드는 법

1. 붉은 고추를 씻어 적당한 크기로 썬다.
2. 찹쌀죽에 다시마 우린 물을 붓고 고추씨, 고운 고춧가루와 까나리액젓을 믹서에 넣어 곱게 갈아준다.
3. 볼에 2의 양념을 담은 뒤 고구마발효액과 찹쌀죽, 다진 마늘을 고루 섞어주고 소금으로 삼삼하게 간을 한다.

교감신경을 활성시켜주는 캡사이신 풍부
고추

번초(蕃椒), 당신(唐辛) Chili pepper

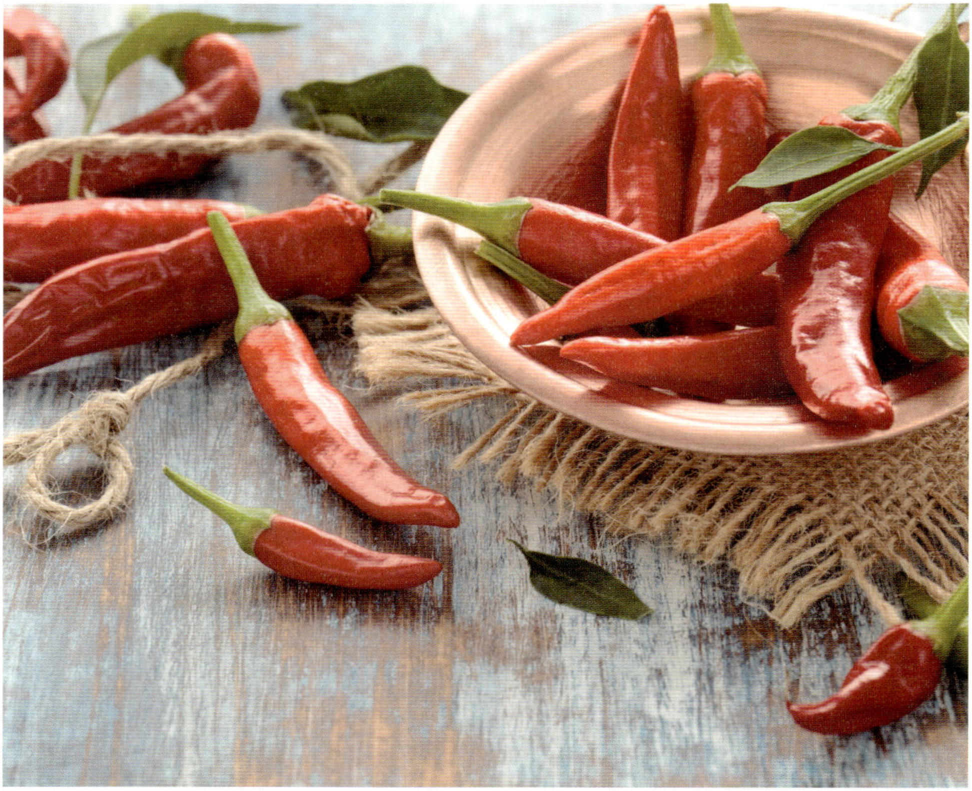

● 이런 분에게 좋아요!

스트레스를 많이 받으면 매운 음식이 먹고 싶어지죠? 하지만 맵기만 한 음식은 속을 상하게 할 수 있습니다. 이럴 때는 캡사이신이 풍부한 고추발효액을 드세요. 위장은 보호해 주면서 스트레스는 확 날려버릴 수 있을 거예요!

고추발효액 먹고 스트레스는 '안녕~'하세요

많은 사람들이 스트레스를 받으면 매운 음식을 찾는다. 매운맛은 기운을 발산해 우울한 기분을 해소시켜주기 때문이다. 고추는 매운맛을 내주는 대표적인 양념으로 고춧가루, 실고추, 고추기름, 고추장 등 여러 형태로 쓰이며 풋고추, 홍고추, 청고추 등 그 종류도 다양하다.

● 고추의 성분과 효능은 무엇일까?

고추 특유의 매운맛 성분은 알칼로이드의 일종인 캡사이신(capsaicin)으로 고추 안쪽의 고추씨가 많이 모여 있는 흰 부분인 태좌와 격벽에 집중 분포되어 있다. 캡사이신은 식욕증진 효과가 있지만 에너지대사와 관련된 교감신경을 활성화하기 때문에 체지방을 줄여 비만을 예방할 수 있다. 보온효과, 장내 살균작용과 기름의 산패를 막고 유산균 증식을 돕는 기능이 있어 유산균 발효식품인 김치의 주요 재료로 쓰인다. 고추의 카로틴 성분은 체내에서 지방산과 결합해 캡산틴(capsanthin)과 비타민A로 바뀐다. 비타민A는 피부와 점막을 튼튼하게 하고 호흡기계통의 감염을 줄여주며 야맹증 치료, 면역력 증가, 세포노화 지연, 피부건강, 폐암 예방 등에 효과적이다. 고추 껍질의 비타민P는 항산화효과와 항염효과가 뛰어나고 혈관벽을 튼튼히 하며 혈액순환을 촉진하는 효능이 있어 회춘의 약용식물로 소개된다.

옛날부터 풋고추를 초복에 1개, 중복에 2개, 말복에 3개를 먹으면 여름을 잘 지냈다고 한다. 이제 고추발효액으로 건강한 여름을 보내자.

고추발효액 만들기

담금시기
8월 ~ 11월

 황금비율 | 고추 : 설탕 = 100% : 85%

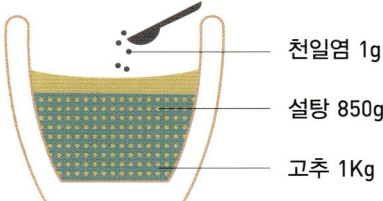

천일염 1g
설탕 850g
고추 1Kg

• 홍고추를 사용할 경우 설탕량은 소재 무게의 82%를 계량한다.

고르기

1. 농약 성분이 옅어지는 11월, 서리 내리기 직전에 채취한 것
2. 가지 하나에 청·홍고추가 함께 달려있는 것
3. 고추 특유의 맛과 향이 짙은 것

담그기

1. 고추를 가볍게 씻은 뒤 채반에 밭쳐 물기를 제거한다.
2. 고추의 꼭지를 따고 2~3토막의 일정한 크기로 자른다.
3. 준비된 고추를 계량된 설탕의 80%에 버무려 담고 남겨둔 설탕 20%는 설탕이불이 되도록 부어 준다.
4. 고추의 삼투압과 발효가 다소 늦으므로 항아리 가장자리의 설탕이불을 좀 두껍게 하고 중앙부분을 얇게 한다.

 무농약, 유기농 재배일 경우 줄기와 잎도 함께 발효한다. 그리고 통고추로 사용하고 싶으면 포크를 이용하여 구멍을 내어 담근다.

5. 천일염을 추가한다.

6. 항아리의 입구를 한지로 덮은 뒤 묶어주고 뚜껑을 닫아 통풍이 잘 되고 그늘진 곳에 보관한다.

청고추와 홍고추의 고유한 빛깔을 얻고 싶으면 분리해서 개별 용기에 발효시킨다.

 발효 및 발효액 분리

1. 담금일 기준 3~4일 후부터 삼투현상이 나타나므로 항아리 바닥에 가라앉은 설탕이 잘 녹을 수 있도록 섞어주어야 한다.

2. 고추액이 충분히 우러난 후부터는 매일 섞어주는 작업을 한다.

3. 담금일 기준 10일 정도가 되면 삼투에 의해 고추액이 추출되고 건지가 떠오르는 것으로 발효를 확인할 수 있다. 발효환경에 따라 온도와 소재의 당도 등에 차이가 발생할 수 있으므로 잘 관찰하며, 발효액 위로 떠오른 고추건지에 뜸팡이가 생기지 않도록 수시로 섞어준다.

4. 담금일 기준 2주 정도 지나면 고추건지와 발효액을 분리한다.

5. 분리일 기준 7일 이내, 14일 이내, 21일 이내, 30일 이내에 한 번 이상씩 섞어주어 발효액의 당도를 일정하게 유지시킨다.

6. 담금일 기준 3개월 후부터 마실 수 있다.

고추는 일정한 크기로 잘라 준비한다.

통고추로 담글 경우 포크를 이용하여 구멍을 낸다.

설탕이불은 가장자리가 두껍고 중앙부분은 얇게 덮어준다.

삼투추출로 발효액 위로 고추건지가 떠오르면 수시로 섞어준다.

PLUS COOK

고추발효액으로 문어의 비린 맛을 잡다
말린 문어조림

재료

말린 문어 250g
청양고추 1개
붉은 고추 1개
식용유 1큰술
통깨 1큰술

양념재료

간장 3큰술
고추발효액 2큰술
쌀조청 2큰술
설탕 1큰술

간장을 이용한 조림에 고추발효액을 넣어 줌으로써 고추와 설탕이 낼 수 없는 깊고 부드러운 매운맛과 자연의 단맛이 더해져 훨씬 더 풍부한 맛을 낼 수 있다. 말린 문어를 조리할 때 발효된 고추액이 들어감으로 말린 건어물에 있는 약간의 비린 냄새와 맛을 없애줄 수 있다.

 **만드는법**

1. 말린 문어는 물에 빠르게 한 번 헹궈 물기를 턴다.
2. 청양고추와 붉은 고추는 세로로 반 갈라 얇게 어슷 썰어 놓는다.
3. 팬에 식용유를 두르고 양념재료를 모두 넣어 끓어오르면 준비해 둔 문어와 고추를 넣고 양념이 베일 때까지 조린다.
4. 맛이 들면 통깨를 넣고 버무려 완성한다.

✪ **말린 문어를 부드럽게 하는 방법 3가지**
1. 말린 문어를 물에 담근 후 하루 정도 냉장 보관하여 요리한다.
2. 씻은 말린 문어를 마요네즈에 살짝 버무려 준다.
3. 한 김 오른 찜기에 살짝 쪄낸다.

항암, 항고혈압 작용이 뛰어난 렌티난 함유
표고

oakmushroom

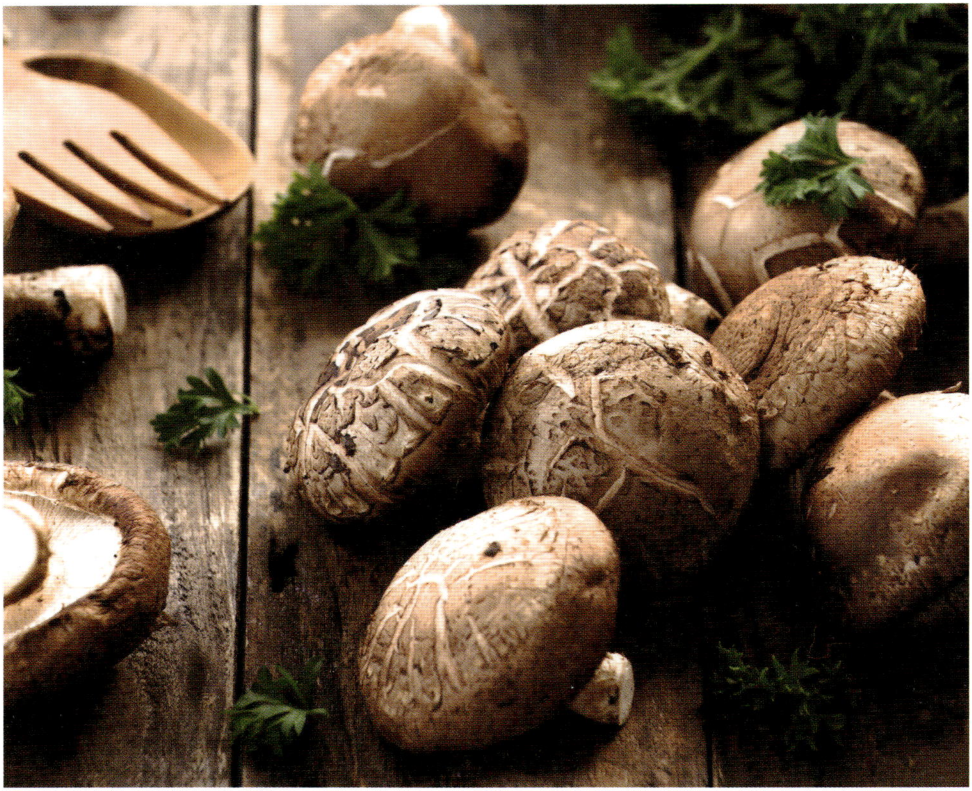

● **이런 분에게 좋아요!**

하루 종일 사무실에 앉아서 일만 하다 보면 햇볕을 받을 일이 별로 없죠? 그러면 비타민D가 부족해지는데요. 비타민D를 식품으로 섭취하려면 햇볕에 말린 표고가 적합합니다. 말린 표고로 만든 발효액 한 잔으로 부족한 비타민D를 챙기세요!

생표고를 직접 햇빛에 말리는 게 좋아요

중국에서는 버섯을 불로장수 식품으로 여겼는데 그중 표고는 향심(香蕈, 향기로운 버섯)이라 했으며 버섯 중의 으뜸으로 다루었다. 서양에서는 Elixer of life(생명의 영약) 또는 Food of the Gods(신의 음식물)로 부르며 귀한 식품으로 여겨왔다.

● **표고의 성분과 효능은 무엇일까?**

표고는 식이섬유가 40~50%나 들어 있는데 그중 베타글루칸이 다량 함유되어 있다. 이는 장 내의 발암물질 등 유해물질을 흡착시켜 흡수를 방해하고 배설을 빠르게 해 결장암이나 직장암을 예방하는 효과가 있다. 표고를 햇볕에 말리면 따뜻한 성질이 되고 약리성, 기능성 및 저장성을 증대시킬 수 있다. 그리고 비타민D 성분이 생겨 뼈에 칼슘을 공급해줘 아이들의 성장에 도움을 준다. 칼슘과 인이 많이 함유되어 있어 골다공증 예방과 산후조리에도 좋다.

좋은 약재로 이용되었던 표고는 최근 항암 및 항고혈압 작용을 하는 에르고스테린, 렌티난, 에리타데닌, 레치오닌 등을 가지고 있는 것이 밝혀졌다. 렌티난은 뛰어난 항암작용으로 암세포의 증식을 억제하며 혈액순환개선 기능으로 간 등에 산소와 영양공급을 원활하게 해주어 대사 기능을 강화하는 효과가 있다.

발효액을 담글 때 미생물의 활동이 활발한 건표고를 이용하며 열풍건조보다 햇볕에 직접 건조시킨 것이 발효에 유리하다.

표고발효액 만들기

담금시기
연중

황금비율 | 건표고 : 생수 : 설탕 = 100% : 900% : 생수의 80%

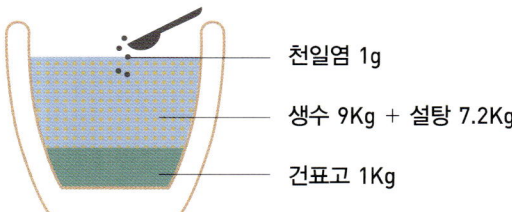

천일염 1g
생수 9Kg + 설탕 7.2Kg
건표고 1Kg

- 생표고를 말리면 약 1/10 정도로 수축하기 때문에 보충하는 수분량도 이에 맞게 소재 무게 대비 9배의 생수를 넣는다.

 좋은 건표고는 물에 불리면 육질이 쫄깃하고 향이 짙게 배어나온다. 수입산은 방부제 처리 때문에 버섯 뒷면이 거뭇거뭇하고 검은색을 띠는 잔주름이 많으며 파손율이 높아 물에 불리면 푸석해진다.

 **고르기**

1. 색이 연하고 등이 갈라지고 갓과 대가 붙어 있는 것
2. 햇볕에 자연 건조한 것으로 상태가 양호하고 표고의 향이 나는 것
3. 갓이 두꺼우며 광택이 있고 갓 밑 주름이 뒤집어지지 않은 난황색을 띤 것
4. 크기는 너무 크지 않은 것으로 둥근 갓이 탄력이 있고 누르면 단단하고 표면이 매끄러운 것
5. 갓이 습하지 않아 잘랐을 때 뽀드득 소리가 나고 잘린 단면이 하얀 것

 **담그기**

1. 건표고는 달리 씻을 필요 없이 잡질이 섞이지 않았는지 육안으로 살펴 골라낸다.

2. 기둥과 갓을 떼어내고 자른다. 얇게 자를수록 발효에 유리하다.
3. 생수에 설탕을 넣고 상온 상태에서 녹여 설탕시럽을 만든다. 절대 끓이면 안 된다.
4. 3의 설탕시럽에 2의 건표고가 잠기도록 넣고 저어준 뒤 천일염을 넣는다.
5. 항아리의 입구를 한지로 덮은 뒤 묶어주고 뚜껑을 닫아 통풍이 잘 되고 그늘진 곳에 보관한다.

발효 및 발효액 분리

1. 담근 당일부터 표고 특유의 향이 발산되며 기포현상이 나타나므로 발효를 확인할 수 있다. 이때부터 건표고 건지를 거르기 전까지 건지가 골고루 잠길 수 있도록 매일 잘 섞어준다.
2. 담금일 기준 10일 정도 지나면 짙은 갈색으로 변한 건표고건지와 발효액을 분리한다.
3. 분리일 기준 7일 이내, 14일 이내, 21일 이내, 30일 이내에 한 번 이상씩 섞어주어 발효액의 당도를 일정하게 유지시킨다.
4. 담금일 기준 3개월 후부터 마실 수 있다.

 발효가 진행되면 시간이 지날수록 색깔이 짙은 갈색으로 변하고 표고 특유의 향이 발산된다.

건표고를 설탕시럽에 잠기도록 넣는다.

발효가 되면 설탕시럽 위로 건표고가 떠오른다.

건표고가 설탕시럽에 골고루 잠길 수 있도록 잘 섞어준다.

담금일 기준 10일 정도 지나면 건표고가 짙은 갈색으로 변한다.

PLUS COOK

표고발효액으로 쓴맛은 줄이고 향은 풍부하게
도라지나물볶음

재료

도라지 200g
표고발효액 2큰술
소금 2큰술, 약간, 1/2작은술
마늘 1/2큰술
다진 파 1큰술
식용유 1큰술
들기름 2큰술
통깨 약간

도라지를 손질해 소금과 물로 어느 정도의 쓴맛을 없애주긴 하지만 그 쓴맛이 완벽히 제거되진 않는다. 이때 표고발효액을 사용해주면 그 특유의 진한 버섯 향과 달고 쌉쌀한 맛이 도라지와 어우러져 쓴맛도 훨씬 부드럽게 중화시켜줄 수 있고 발효액의 풍부한 향과 맛이 음식의 풍미를 살려준다.

만드는법

1. 도라지는 껍질을 깐 후 두께가 두꺼운 것은 2~4등분하고 6cm 길이로 썬다.
2. 볼에 1의 도라지를 담아 소금 2큰술을 넣고 바락바락 주무른다.
3. 도라지를 찬물에 2~3번 헹군 뒤 1시간 이상 물에 담가 쓴맛을 제거한다.
4. 끓는 물에 소금을 넣고 3의 도라지를 재빨리 데쳐 찬물로 헹군 뒤 체에 밭쳐 물기를 뺀다.
5. 볼에 도라지와 마늘, 다진 파, 소금 1/2작은술, 표고발효액, 들기름 1큰술을 넣고 무친다.
6. 달군 팬에 식용유와 들기름을 두르고 도라지를 넣어 볶는다.
7. 도라지가 익으면 통깨를 넣고 마무리한다.

✪ **도라지 손질 요령**
도라지의 머리 부분을 잘라준 뒤 세로로 몸통을 자른다. 이때 반으로 뚝 써는 게 아니라 껍질이 남아 있을 정도로 갈라놓는 게 중요하다. 반으로 갈라진 도라지 한 쪽을 옆으로 잡아당기면 껍질이 벗겨진다. 나머지 반쪽 도라지는 남은 껍질을 잡아당겨 벗겨낸다.

콜레스테롤 낮춰주는 레시틴 함유
늙은호박

남과(南瓜), Pumpkin

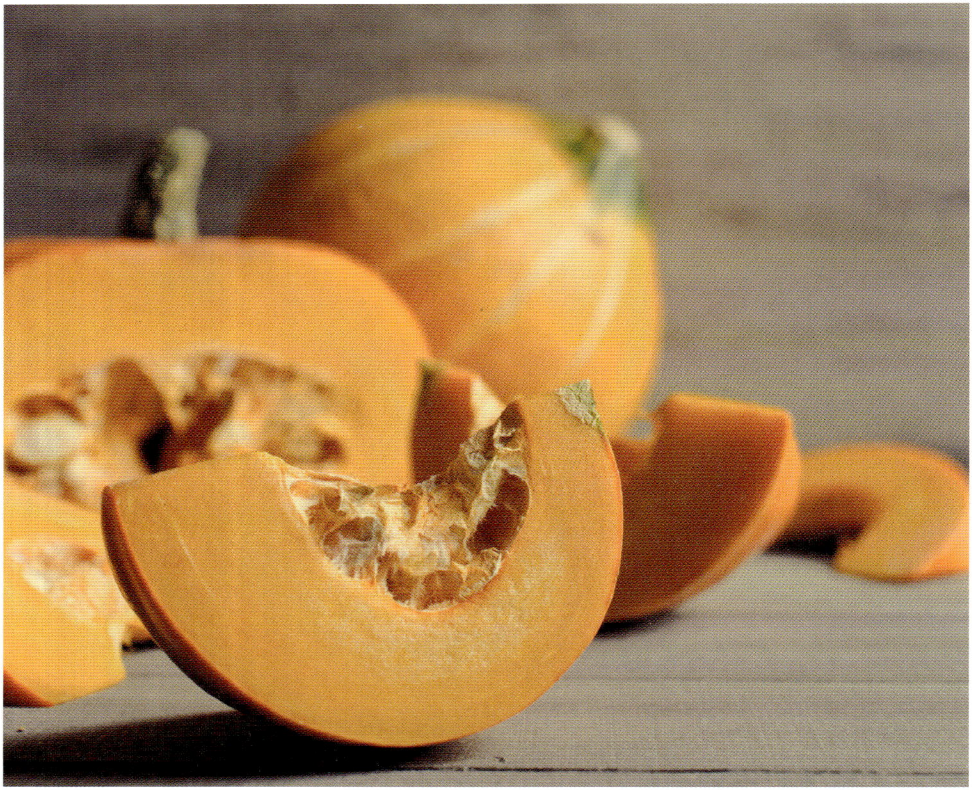

● 이런 분에게 좋아요!

하루 한 끼는 고기류를 먹는 경우가 많습니다. 기름기가 많은 고기 종류에는 콜레스테롤이 많이 들어 있는데요. 콜레스테롤이 높으면 혈관질환을 일으키게 됩니다. 늙은호박은 콜레스테롤 수치를 낮춰주는 레시틴이 들어 있으니 늙은호박발효액 한 잔으로 콜레스테롤을 잡으세요!

과육, 씨, 껍질 모두
영양소가 골고루 들어 있어요

호박은 성숙된 상태에 따라 미성숙과를 애호박, 성숙과를 청둥호박이라고 하는데 우리는 흔히 청둥호박을 늙은호박이라고 부른다. 민간요법에서는 출산 후 늙은호박 속에 꿀을 넣고 쪄서 먹는데 부기를 빼주고 부족한 영양분을 공급하려는 것이다.

● **늙은호박의 성분과 효능은 무엇일까?**

늙은호박은 황색 색소인 베타카로틴이 풍부해 항산화작용으로 활성산소를 제거하여 정상 세포가 암세포로 변화하는 것을 막고 암세포의 증식을 늦추는 훌륭한 항암식품이다. 늙은호박에는 비타민A, B2, C가 듬뿍 들어 있어 감기 예방에 도움이 되고 신경완화 작용을 하는 비타민B12가 들어 있어서 불면증에 시달리는 사람에게 좋다. 그리고 늙은호박의 당분은 소화 흡수가 잘되면서도 당뇨나 비만에 나쁜 영향을 주지 않고 인슐린을 조절해 주는 효능이 있다.

특히 레시틴은 혈중 콜레스테롤 수치를 낮추고 흡수를 막아줘 간과 장기에 지방이 쌓이지 않게 하며 셀레늄 성분은 정자의 생산과 활동력을 증가시킨다. 호박씨의 스테롤은 전립선을 튼튼하게 해 초기 전립선 비대증에 효과가 있다.

늙은호박을 효소발효할 때에는 과육은 물론 씨와 껍질도 버리지 않고 사용하는 게 좋다.

늙은호박발효액 만들기

담금시기 10월 ~ 익년 2월

 황금비율 | 늙은호박 : 설탕 = 100% : 65~70%

- 천일염 1g
- 설탕 650~700g
- 호박속, 씨, 껍질 삼베망
- 늙은호박 1Kg

• 가을에 수확 즉시 사용하는 늙은호박은 70%의 설탕을 사용하지만 겨울까지 저장 보관한 늙은호박은 건조된 상태이고 상온의 기온이 상대적으로 낮기 때문에 설탕을 65%로 낮게 조절할 필요가 있다.

 고르기

1. 과육과 껍질이 단단하고 상처 없이 균형있는 것
2. 전체적으로 짙은 색을 가지고 있으며 꼭지 부분이 안쪽으로 많이 들어간 것
3. 골이 깊고 곧게 파여 있으며 흰 가루의 분이 많이 서려 있는 것

 담그기

1. 호박의 껍질에 붙은 흙먼지나 오물을 마른 수건으로 털어낸다.
2. 호박 표면의 골이 진 부분을 따라 절단한다.
3. 호박속 내용물과 씨는 분리한다.
4. 과육을 크게 등분하여 껍질을 벗겨낸다.

 호박은 발효과정이 왕성하고 거품이 많아 소재의 양에 비해 용기의 크기가 작으면 끓어 넘칠 수 있으므로 주의한다.

✪ **건지 활용**

호박건지는 말랭이, 죽, 경단, 떡, 잼, 양갱, 정과, 엿 등 다양하게 활용할 수 있다.

5. 계량한 설탕을 10%, 70%, 20%로 구분한다.
6. 호박속 내용물과 씨 그리고 벗겨낸 껍질은 설탕 10%에 버무려 삼베망에 담아 항아리에 넣는다.
7. 과육은 건지 활용 계획에 맞게 적당한 크기로 잘라 설탕 70%에 버무려 항아리에 넣고 나머지 설탕 20%를 이불로 덮고 천일염을 넣는다.
8. 항아리의 입구를 한지로 덮은 뒤 묶어주고 뚜껑을 닫아 통풍이 잘 되고 그늘진 곳에 보관한다.

 발효 및 발효액 분리

1. 담근 당일부터 삼투현상이 빠르게 진행되므로 매일 1~2회 항아리 바닥에 가라앉은 설탕이 모두 녹을 수 있도록 잘 섞어준다.
2. 담금일 기준 2~3일 정도 되면 설탕이 모두 녹아 잘 섞이고 서서히 거품이 일어나면서 발효가 진행된다.
3. 담금일 기준 7~10일 이내에 호박건지와 발효액을 분리한다.
4. 분리일 기준 7일 이내, 14일 이내, 21일 이내, 30일 이내에 한 번 이상씩 섞어주어 발효액의 당도를 일정하게 유지시킨다.
5. 담금일 기준 3개월 후부터 마시면 된다.

★ 호박의 조직 상태에 따라 삼투현상이 마무리 되는 시기가 달라질 수 있으므로 조직이 물러지는 정도를 가늠하여 발효액과 분리한다.

등분한 과육의 껍질을 벗긴다.

설탕이불이 녹기 시작하면 잘 섞어준다.

서서히 거품이 일어나면서 발효가 진행된다.

발효가 진행되면 건지가 떠오른다.

PLUS COOK

늙은호박발효액으로 맛과 영양을 살리다
컬러채소온샐러드

재료

파프리카(노란색, 주황색) 각 1개씩
가지 2개
양파 1개
식용유 약간
소금 2큰술
생수 3컵

늙은호박발효액 드레싱

늙은호박발효액과 건지 3큰술
올리브오일 3큰술
쌀조청 2큰술
간장 1큰술
소금

샐러드는 신선한 채소와 과일을 생으로 먹을 수 있는 요리로 드레싱을 곁들인다. 채소와 과일을 구우면 맛은 살리고 영양소의 흡수를 도울 수 있다. 여기에 늙은호박발효액을 더하면 채소의 효능을 더할 수 있다.

 만드는법

1. 파프리카는 노란색, 주황색으로 준비해서 반을 갈라 씨를 빼고 2cm 폭으로 큼직하게 길이로 썬다.
2. 가지는 씻어 어슷하게 편으로 썰고 소금물에 헹궈 건진다.
3. 양파도 가지와 같은 크기로 썬다.
4. 호박발효액을 건지와 같이 볼에 담고 올리브오일과 쌀조청, 간장을 넣고 잘 섞어서 드레싱을 만든다. 간이 부족하면 소금으로 맞춰야 컬러가 예쁘다.
5. 팬을 뜨겁게 달궈 식용유를 두르고 파프리카, 양파를 먼저 노릇하게 굽고 가지를 올려 굽는다.
6. 구운 컬러채소를 접시에 담고 호박발효액드레싱을 뿌려서 먹는다.

✿ **컬러별 파프리카 효능**
1. 빨간색 : 신체의 노화와 질병을 일으키는 활성산소 생성을 막아준다.
2. 주황색 : 피부노화를 억제하고 미백효과가 좋아 멜라닌 색소를 억제해 준다.
3. 노란색 : 비타민이 풍부해 스트레스 해소에 도움이 된다.
4. 초록색 : 열량이 낮고 유기질이 풍부해 다이어트에 좋으며 철분이 풍부해 빈혈을 예방해 준다.

간 기능 개선에 독보적인 염소로 구성
비트

근공채(根恭菜), 홍채두(紅菜頭), 화염채(火焰菜)

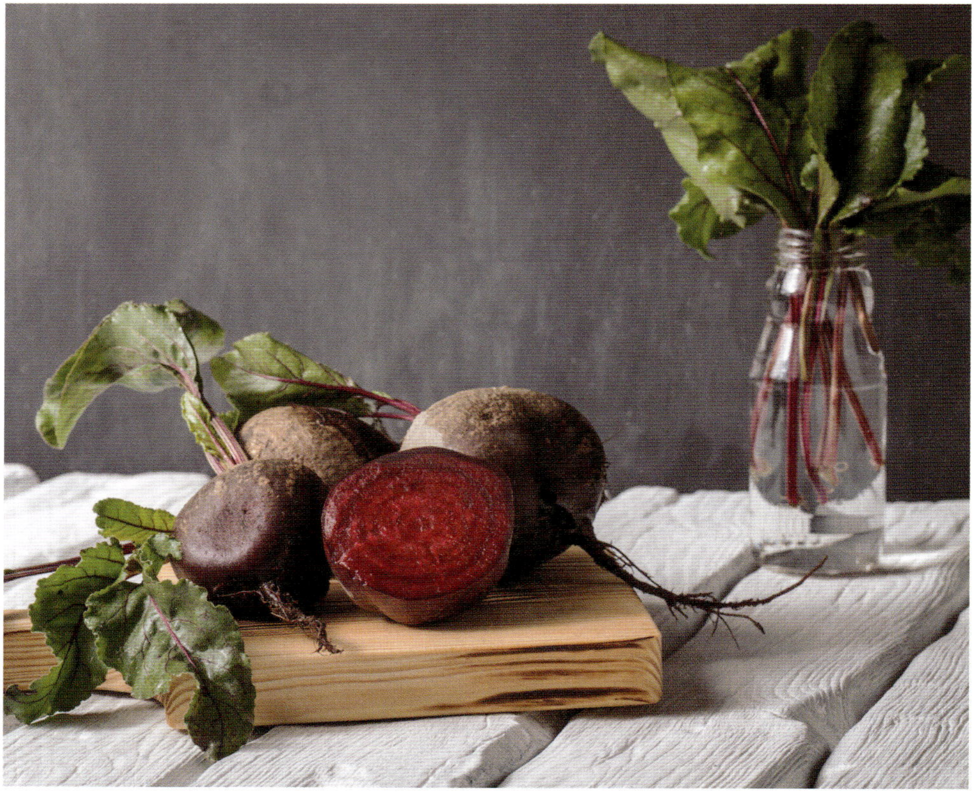

● **이런 분에게 좋아요!**

간은 기능이 워낙 많아 간이 튼튼해야 건강을 유지할 수 있다 해도 과언이 아닙니다. 그런데 간에 지방이 쌓이고 딱딱해져 결국 암으로까지 발전하게 되면 우리 몸의 대사기능도 정지되는 것과 별반 다르지 않습니다. 간의 건강을 생각한다면 비트발효액을 꼭 챙겨 드세요!

맛과 영양이 풍부해 음식과 약으로 사용해요

비트는 기원전 10세기경부터 야생종을 경작해 약용으로 사용해 왔다. 뿌리는 주로 샐러드용으로 쓰이는데 잎과 줄기까지 모두 먹을 수 있는 채소이다.

● 비트의 성분과 효능은 무엇일까?

비트의 수액 성분은 약 8%가 염소로 구성되어 있다. 염소는 간장, 신장, 담낭을 깨끗하게 하며 림프 기능을 원활하게 하여 간장정화 작용을 촉진시켜 간질환의 빠른 회복을 돕는다. 특히 심장질환의 주범으로 지목받고 있는 호모시스테인(Homocysteine)을 해독하는 작용을 도와 지방간에 효과적이며 항아토피, 항통풍, 혈중지질감량 효능과 담석, 신결석을 녹이는 작용도 한다.

비트가 갖고 있는 베타인 색소가 항암작용 물질로 비트에 함유된 황과 함께 발암물질인 아질산염을 제거하여 효과적으로 종양을 예방하고 치료하는데 큰 도움이 된다. 비트는 콩, 토마토보다 8배 우수한 항산화 능력을 갖고 활성산소를 제거한다.

다만 비트는 과용하면 부작용이 발생할 수 있으므로 발효액으로 섭취할 때에도 다른 과일이나 채소발효액과 섞어 마시는 게 좋다. 또한 명현반응*에 대비해 조금씩 마시면서 적응할 수 있는 적정 양까지 늘린다.

*명현반응 투약 후 치유되는 과정에서 예기치 않게 일시적으로 나타나는 증상으로 부작용과 다르다.

비트발효액 만들기

담금시기
10월 ~ 11월

황금비율 | 비트 뿌리 : 설탕 = 100% : (64% + 16%)
비트 잎, 줄기 : 설탕 = 100% : 85%

- 천일염 1g
- 설탕 640g+160g
- 비트 뿌리 1Kg

★ 잎과 줄기가 없으면 뿌리만 사용한다.

 고르기

1. 가을에 재배되어 수확한 것
2. 잎과 줄기가 달린 것

🫙 담그기

1. 뿌리와 줄기, 잎을 분리하여 씻는다.
2. 줄기와 잎은 씻은 후 각각 잘게 썰어 설탕에 버무려서 항아리에 담고 천일염을 넣어 발효시킨다.
3. 뿌리는 흙을 물로 깨끗이 닦아낸 후 물기를 말리고 용도에 맞게 자른다.
4. 설탕은 20%와 80%로 나눈다.
5. 뿌리는 줄기와 잎을 담은 항아리와 다른 항아리에 넣은 뒤 설탕 80%를 쏟듯이 붓고 천일염을 추가한다.

✪ 건지 활용

비트건지는 절임, 깍두기, 과자칩 등으로 활용할 수 있다.

6. 항아리의 입구를 한지로 덮은 뒤 묶어주고 뚜껑을 닫아 통풍이 잘 되고 그늘진 곳에 보관한다.

 발효 및 발효액 분리

1. 삼투현상이 빠르게 진행되므로 항아리 2개 모두 **담근 당일**부터 매일 항아리 바닥에 가라앉은 설탕이 모두 녹을 수 있도록 잘 섞어준다.
2. 담금일 기준 7~10일 정도 지나면 포도주 같이 붉은 비트액 추출이 완성되므로 비트 뿌리와 줄기·잎 모두 발효액과 분리한다.
3. 뿌리 발효액과 줄기·잎의 발효액을 함께 섞은 뒤 남겨둔 설탕 20%를 조금씩 보충하여 넣는다.
4. 분리일 기준 7일 이내, 14일 이내, 21일 이내, 30일 이내에 한 번 이상씩 섞어주어 발효액의 당도를 일정하게 유지시킨다.
5. 담금일 기준 3개월 후부터 마실 수 있다.

● **건지의 단맛 줄이는 방법**

1. 발효액을 담글 때 계량한 설탕의 50%만 먼저 넣고 나머지 50%는 건지 분리 후 넣는다.
2. 건지를 생수에 가볍게 헹구어 사용한다.
3. 건지를 냉장보관하면 추가 발효 및 숙성이 되어 식감과 풍미효과가 커진다.

잎은 잘게 썰어서 설탕에 버무린다.

줄기는 손가락 두 마디 정도의 크기로 썰어 설탕에 버무린다.

잎과 줄기만 합해 항아리에 담근 뒤 잘 섞어준다.

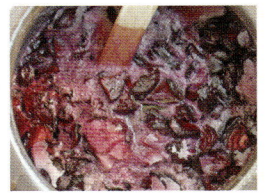

뿌리만 담근 항아리도 설탕이 잘 녹을 수 있도록 섞어준다.

PLUS COOK

달달한 디저트와 환상의 궁합
비트발효액으로 만든 에이드

재료

비트발효액 4큰술
탄산수 3컵
얼음 10조각
민트잎 약간

단맛이 강한 일반 청과는 달리 비트발효액은 약간의 달콤함과 알싸한 맛을 함께 가지고 있다. 그렇기 때문에 음식을 먹고 난 후 음료로 마시면 입안이 개운하고 달달한 디저트와 함께 먹을 때도 단맛이 강하지 않기 때문에 궁합이 아주 좋다.

 만드는법

1. 믹서에 탄산수와 비트발효액, 얼음을 넣어서 곱게 간다.
2. 컵에 비트에이드를 담고 민트잎을 올려서 낸다.

✪ 비트발효액스무디
비트의 독특한 향과 맛 때문에 비트발효액만 넣은 에이드를 마시는 게 부담스럽다면 계절과일이나 채소를 함께 넣은 스무디를 만들어 먹으면 좋다. 토마토, 딸기, 감귤류, 바나나, 블루베리, 오디, 파인애플, 망고, 사과 등 취향에 맞는 제철과일과 얼린 요구르트 또는 두유를 비트발효액과 섞어 믹서기에 갈면 비트스무디가 완성된다.

🥛 발효액 올바르게 보관하고 마시는 방법

모든 음식에 권장 섭취량이 있는 것처럼 효소발효액 역시 적정량을 마시는 게 좋다. 발효액을 그대로 섭취하면 과용할 수 있으니 유의한다. 또한 효소발효액은 치료약이 아니라 식품이라는 점을 명심하고 오용하거나 남용하지 않도록 한다. 1년 이상 보관된 발효액은 졸여서 조청으로 활용하거나 초산발효시켜 식초를 만드는 것이 음용과 보관에 유리한다.

1. 발효액은 상온 상태에서 보관해도 변질되지 않는다. 다만 통기상태를 유지하도록 밀봉하지 않고 보관한다.

2. 발효액을 밀봉 상태로 장시간 이동하면 가스가 활성되어 가스의 압력으로 발효액이 샴페인처럼 용출될 수 있다. 장시간 이동 후에는 발효액을 30분 정도 냉장 상태로 보관하면 활성 상태를 진정시킬 수 있다.

1. 발효액의 3~9배 정도의 생수를 희석해서 흡수에 유리하도록 가급적 공복상태일 때 마신다. 이때 40℃ 이상의 뜨거운 물은 효소를 변질시키므로 사용하지 않는다.

2. 하루나 이틀 전에 발효액을 미리 물에 희석시켜 놓으면 2차 발효가 진행되어 가스가 발생한다. 그러면 탄산수 효과가 나타나 상쾌한 느낌의 효소 발효액을 즐길 수 있다.

3. 효소발효액은 한 가지만 마셔도 좋지만 기호에 맞게 2~3가지 정도 혼합하여 마셔도 좋다. 발효액을 혼합할 때에는 소재의 특성은 물론 맛과 향, 빛깔을 고려한다.

★ 효소발효 성공 확인 방법

발효액을 생수가 담긴 유리컵에 떨어뜨렸을때 잉크가 물에 퍼지는 것처럼 물입자 사이사이로 퍼지면 효소발효가 잘된 것이다. 만약 발효액이 생수 아래로 가라앉으면 발효가 되지 않은 것이다.

Chapter 3.
몸이 건강해지는 발효음료 이야기

Special Story _ Coffee
독특한 풍미의 발효커피

Special Story _ Vinegar
발효식품의 제왕, 천연발효식초

Special Story

독특한 풍미의 발효커피

웰빙음료로 **발효커피**가 관심을 받고 있어요

인류의 음료 커피

커피는 커피나무에서 생두를 수확하여 가공공정을 거쳐 볶은 후 한 가지 또는 두 가지 이상의 원두를 추출하여 음용하는 음료로 세계에서 네 번째로 귀한 농산물이다. 커피가 심장질환 및 치매예방, 면역력 증대만이 아니라 포도주의 3배, 홍차의 9배나 되는 폴리페놀을 함유하고 있고 그 중에서도 클로로겐산 성분이 대장암과 피부노화 억제 효능에 탁월하다고 알려지며 커피 전성시대를 이루고 있다. 그러나 커피를 다량 음용할 경우 커피의 대표적인 성분인 카페인에 의한 중독이 될 수 있고 임신중에는 태아에 좋지 않은 영향을 끼치게 되고 무기질 결핍, 위산과다와 위 점막 손상, 철분 및 칼슘 흡수 장애, 숙면 방해 등의 단점이 있어 주의가 요구된다.

커피 한 잔의 교제는 여유로운 마음을 갖게 하고 육체적 피로와 심리적 중압감에서 벗어나게 해주는 문화의 한 축으로 자리 잡고 있다. 이제 일상에 활력을 주는 커피의 소비가 점점 증가해 '인류의 음료'라 해도 과언이 아니다. 때문에 카페인 섭취를 줄이기 위해 커피 마시는 것 자체를 제한하는 것은 어려운 게 현실이다.

SPECIAL STORY
Coffee

발효커피에 주목

커피는 전 세계인이 좋아하는 대표적인 기호식품이다. 시대가 변할수록 맛과 향에 대한 소비자들의 취향은 계속해서 변하고 있다. 우리나라에서는 처음 청와대커피라고 해서 달달한 커피를 선호했지만 요즘은 원두 종류와 로스팅 방법, 커피 추출 방식 등이 다양하게 전파되면서 소비자들의 선호도가 달라졌다. 커피에 대한 인식이 고급커피, 스페셜티 커피로 넓어지며 이제는 기호음료를 넘어 웰빙음료로 연구가 진행되고 있는데 대표적인 것이 발효커피이다.

대표적인 발효커피는 습한 남서 계절풍(몬순, Monsoon)에 커피를 건조해서 숙성시킨 몬순커피와 사향고양이, 다람쥐, 코끼리 등 동물의 소화기관을 통해 발효된 파치먼트 배설물을 수집하여 가공한 커피가 있다. 특히 동물의 소화과정을 통해 만들어지는 발효커피는 희귀성과 독특한 맛과 향 때문에 고가의 커피로 판매된다.

이처럼 커피 생두가 발효과정을 거치면 커피의 쓴맛은 적어지고 신맛이 강해지며 부드러워지고 달콤해지는 등 발효커피 특유의 맛과 향을 즐길 수 있다.

발효커피
이것만은 알고 만들자

커피 생두의 발효

발효(fermentation)는 혐기적 또는 호기적 조건에서 미생물(유익균)이 생육 증식하며 효소(enzyme)를 이용하여 유기물을 분해하는 과정에서 인체에 유익한 물질을 생성하는 것을 말한다.

커피 생두 발효에 관여하는 효모와 유산균 등의 유익균은 내당도가 강한 호삼투압성 균으로 40~50brix의 비교적 고당도 환경에서도 생육 증식하며 발효를 진행하여 자신의 효소를 이용하여 단시간에 불용성 유기물의 영양분을 분해하여 가용성의 중간물질로 변화 생성시킨다.

커피 생두 발효 과정에서 커피가 함유하고 있는 고분자의 여러 가지 유익물질이 인체 흡수에 용이한 저분자 물질로 바뀌고 새롭고 독특한 맛과 향이 첨가되어 커피 본래의 맛과 향을 끌어올린다. 특히 생두 발효 과정에서 미생물의 효소는 다양한 커피 성분의 화학반응 속도를 빠르게 하는 촉매 역할과 함께 카페인을 비롯한 독소분해와 해독작용에 관여하며 클로로겐산의 함량을 높여준다.

발효커피의 이해

커피 생두를 얻는 과정에서 중요하지만 알려지지 않은 점이 발효다. 커피 체리를 생두인 파치먼트 상태로 가공하기 위해 파치먼트에 붙어있는 점액질을 제거하고 건조를 통해 커피의 풍미를 높이기 위한 내추럴(건식, Natural) 혹은 워시드(습식, Washed) 가공 과정에서 나타나게 된다. 이 과정에서 자연미생물인 박테리아, 곰팡이 혹은 효모가 점액질의 당분, 유기산, 펙틴질을 발효시키게 되는데 가공 방법과 기간 등에 따라 발효의 진행과정이 달라지고 커피의 품질이 결정된다. 따라서 발효에 직접적인 영향을 미치는 미생물의 활동과 발효 과정에 대한 전반적인 이해를 바탕으로 한 가공과정의 관리가 커피의 맛을 결정하는 가장 큰 변수이다. 그러나 생산 현장에서 발효를 위한 관리 기준이나 연구는 부족한 상태로 세계 3대 커피 소비시장인 우리의 실정에서 스페셜티 커피(Speciality Coffee)를 즐길 수 있는 최선의 대안은 수입되는 커피생두를 발효액을 이용하여 직접 발효시켜 품위와 맛을 높이는 것이다.

SPECIAL STORY
Coffee

발효액을 이용한 발효커피의 효과

첫째, 활성 발효액에 생두를 침지시켜 발효하는 과정과 건조, 숙성하는 과정에서 커피 생두에 함유된 카페인을 낮출 수 있다.

둘째, 커피 생두 침지 발효에 사용되는 활성 발효액의 종류 및 당도, 발효기간 등에 따라 다양한 맛과 향기, 약리성, 항산화 기능을 얻을 수 있다.

셋째, 커피 생두의 생산 지역과 커피 생두 수확 시기 등에 따라 발생되는 거친 맛을 완화하고 신맛, 떫은맛, 쓴맛을 순화시켜 커피 생두별 고유의 맛을 부드럽게 향상시킬 수 있다.

넷째, 건식처리한 커피 생두와 습식처리한 커피 생두 모두 발효 가능하며 뉴크롭(New Crop 수확 1년 이내의 햇콩), 페스트크롭(Past Crop 수확 1년~2년 이내 콩), 올드크롭(Old Crop 수확 3년 이후 콩)의 구분 없이 발효시킬 수 있어 품위가 낮은 커피 생두도 고급 커피(Speciality Coffee)의 풍미를 갖출 수 있다.

다섯째, 발효 과정에서 잡미가 없어지고 생두 조직이 부드러워져 낮은 단계의 로스팅 포인트로도 생두별 고유의 섬세한 맛을 나타내는 발효커피 원두를 생산할 수 있다.

카페인이 저감된 발효커피 생두의 제조방법

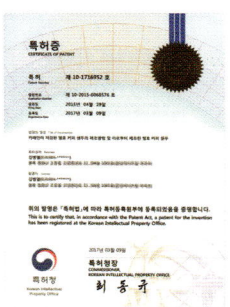

특허 제 10-1716952 호
특허등록
2017년 3월 9일

우리에게 발효커피로 잘 알려져 있는 루왁커피는 사향고양이가 커피 체리를 섭취하여 과육 부분을 소화시키고 남은 커피 열매를 장내에서 미생물로 발효시킨 후 배설한 것을 세척하여 로스팅한 커피이다. 이 과정을 통해 커피가 함유하고 있던 여러 가지 유익한 물질이 인체에 쉽게 흡수되도록 돕고 커피 본연의 맛과 향을 개선할 뿐 아니라 카페인이 저감되는 효과를 갖는다. 그러나 루왁커피는 고양이를 강제 사육하며 생산하는 과정에서 위생과 동물학대 문제가 발생하고 있다. 그래서 동물을 이용하지 않고 발효커피 생두를 제조하는 방법의 연구가 필요해졌다.

선행 연구로 커피 생두를 물에 침지한 후 종균을 접종하여 발효시키는 방법(1)이나 유산균을 이용하여 제조하는 방법(2) 등이 시도되었다. (1)의 방법은 생두의 성분이 물에 용해되어 커피의 맛과 풍미가 떨어졌고 (2)의 방법은 종균을 배양하고 유산균을 농축, 동결 건조시키는 등의 번거로운 절차와 특별한 시설을 필요로 했다. 카페인이 저감되는 효과를 가지면서도 커피의 맛과 풍미를 더욱 향상시킬 수 있는 보다 간편하고 효과적인 발효커피를 제조할 수 있는 방법의 개발이 요구되고 있는 상황에서 '카페인이 저감된 발효커피 생두의 제조방법 및 이로부터 제조된 발효커피 원두'의 발명이 이뤄졌다. 본 발명의 제조방법을 따라하면 커피를 좋아하는 누구나 생두를 직접 발효하고 로스팅하여 커피 본연의 맛과 향을 유지하면서 카페인은 저감되고 기능성과 풍미효과는 상승시킨 스페셜티 커피를 즐길 수 있다.

☕ 커피 생두(Green Bean) 준비

'커피 생두'란 커피 과일로부터 분리되어 건조된 커피 콩(Green Bean)을 의미하며 이용 가능한 커피 생두는 현재 국내에 수입 유통되고 있는 모든 종류를 사용한다.

발효커피 생두를 제조하기 위해 활성 발효액 준비

만드지 15일 이상
6개월 이하 활성 발효액

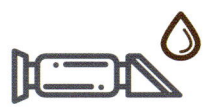

발효기간 3개월 기준
30~50brix의 범위 안의 발효액

활성 발효액에 커피 생두를 침지시켜 발효하기 위해 생두 무게의 2.5배 발효액을 준비한다.

활성 발효액이란, 자연 상태에서 착상된 천연미생물에 의한 효소발효액으로 효소의 활성을 유지하고 있어 커피 생두의 발효를 유도할 수 있는 발효액을 의미하며 상온의 통기상태에서 15일 이상 6개월 이하의 발효 중에 있는 것으로 발효기간 3개월 기준 30~50brix의 범위 안에 있는 것이 좋다. 40brix 이상의 당도는 유해균 차단 효과가 우수하여 유익균의 우점화를 유지할 수 있으며 발효의 진행 과정 및 발효커피의 풍미 등을 고려했을 때 효소의 활성이 유지되고 있는 발효기간 3개월 기준의 40brix 당도가 우수하다.

활성 발효액의 원재료로는 커피에 풍미를 더할 수 있는 식용 가능한 산야초, 과실 및 농임산물을 원재료로 사용할 수 있고 발효액의 원재료에 따라 함유하고 있는 고유의 맛과 향을 비롯한 약리성과 파이토케이컬에 의한 기능성 및 풍미 효과가 나타날 수 있으므로 커피 생두 발효는 한 가지 발효액만을 사용하는 것이 바람직하다.

여기서 사용되는 brix의 단위는 100g의 용액 중에 포함된 당 1g을 뜻한다.

커피생두 침지 발효

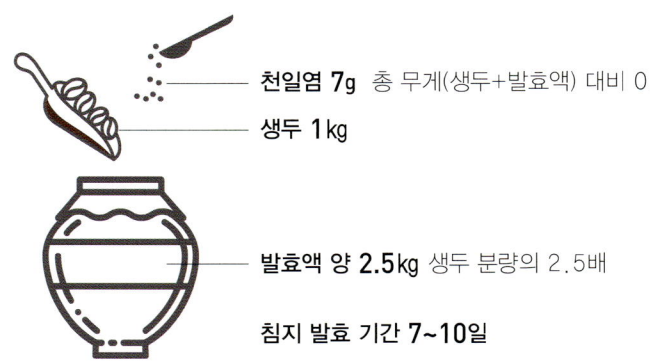

천일염 **7g** 총 무게(생두+발효액) 대비 0.2%

생두 **1**kg

발효액 양 **2.5**kg 생두 분량의 2.5배

침지 발효 기간 **7~10일**

준비된 커피 생두의 2.5배 정도의 활성 발효액에 커피 생두를 직접 침지하여 상온(25℃ 기준)의 통기 상태에서 발효시킨다. 커피 생두를 일정시간 침수시켜 발아 또는 발아 직전의 생두를 침지 발효시키면 발효가 왕성하게 진행되어 발효 시간을 단축시킬 수 있고 카페인의 함량을 더 낮게 할 수 있으나 침수 과정 없이 40brix의 활성 발효액에 직접 침지 발효시킨 커피가 향과 맛, 카페인의 저감 효과에 대한 실험에서 풍미가 더 좋은 것으로 평가받고 있다. 침지 발효 기간은 온도 등 발효 환경에 따라 차이가 있으나 카페인 저감 효과를 기준으로 하였을 때는 상온에서 7일 내지 10일 정도인 경우가 커피의 풍미를 놓치지 않는 발효 기간이며 이후 발효 기간이 연장될수록 카페인 저감 효과는 높아지지만 기존에 알고 있는 커피 고유의 맛과 향은 짧아져 기호도가 낮다. 통상의 일반적인 커피 맛을 고집하지 않는다면 상온에서 7일간 침지 발효시킨 경우가 맛과 향 그리고 카페인 저감 효과 면에서 가장 우수하다는 평가이다. 그러나 발효 기간은 선택사항으로 카페인에 대한 거부감이 없고 본래 누리고 있

1. 발효액 침지 5일째 발효 상태
2. 침지 발효 중에 싹이 난 커피콩
3. 좌 : 발효 전 생두 / 우 : 발효 후 생두(효소적 갈변)
4. 생두의 종류에 따라 발효 상태 근소한 차이

던 커피 맛을 유지하고 싶다면 상대적으로 발효기간을 줄이면 된다. 침지 발효 과정에서 커피 생두의 총 무게 대비 0.2%(질량)의 천일염을 첨가하여 함께 발효할 수 있다. 이와 같이 천일염을 첨가하는 것은 발효에 이용되는 미생물의 증식을 위한 미네랄을 공급해 더욱 풍부한 발효로 깊은 맛을 얻을 수 있고 유해균의 접근을 차단할 수 있는 효과가 있다.

🫘 발효 완료된 커피 생두의 수세

발효 완료 시점의 커피 생두는 발효 과정에서 커피 생두의 함수분율 증가로 침지 발효 전보다 평균 2배가량 무게가 증가한다. 발효 완료된 생두를 발효액과 분리하여 발효액의 당분 등 점성 물질에 의한 끈적임이 남지 않도록 씻는다. 씻는 과정이 불충분하여 커피 생두에 남은 당분과 점성이 충분히 제거되지 않으면 건조 과정이 길어지고 건조 숙성 과정에서 변질 등의 문제가 발생할 수 있다. 특히 로스팅 과정에서도 불필요한 메일라드(maillard) 반응과 카라멜화(carammelization) 반응을 초래하므로 충분히 씻어주는 것이 필요하다.

발효된 커피콩 수세

수세 과정에서의 발효거품

수세한 커피콩의 물기 제거

건조를 위해 탈수시킨 커피콩

🫘 발효커피 생두의 건조

수세한 발효커피 생두는 상온의 통풍 양호한 그늘에서 자연 건조 시키면서 숙성하는 것이 풍미 효과를 높일 수 있다. 건조 작업의 공간, 능률 및 편리성을 고려하면 직사광선이 없는 곳에서 40~45℃ 정도로 송풍시켜 함수분율 10% 정도까지 건조시켜 보관하는 것이 유리하다. 상온 상습 환경에서 가정용 식품건조기로 45℃ 기준 약 8시간 정도 송풍하면 함수분율 10%의 생두로 건조된다.

🫘 발효커피 원두

커피 생두를 로스팅(roasting) 과정을 통해 볶아 발효커피 원두를 만든다. 일반적으로 사용하는 기호에 따른 로스팅 방법으로 볶으며 다소 풍미를 증진시키기 위해 일반 커피 생두에 비해 수분 날리기 과정을 1분 정도 더 추가한다. 일반 커피 생두에 비해 예상되는 로스팅 포인트보다 약간 낮은 단계의 로스팅 포인트로 볶는 것이 좋다. 이렇게 만들어진 발효커피 원두는 카페인이 저감되고 커피의 맛과 풍미가 더욱 향상된다.

가정용 식품건조기
(45℃, 8시간 송풍건조)

발효커피 생두의 직화 로스팅

예상 포인트보다 한 단계 낮게 로스팅

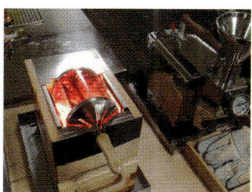

원적외선 방식 로스팅

Special Story

발효식품의 제왕,
천연발효식초

술이 늙어서 식초가 된다

**발효의 제왕
식초**

식초는 술이 늙어서 초가 된다는 뜻으로 '고주(古酒)'라고 부르기도 한다. 이 말은 기다릴 줄 아는 사람만이 얻는다는 의미를 함축하고 있다. 우리나라의 전통식초를 살펴보면, 발효과정을 지켜보며 일정한 수고를 감내해야 맛볼 수 있다는 것을 확인할 수 있다. 전통식초는 누룩을 사용해 먼저 전분을 당화 발효시킨 곡물주로 만들기 때문에 우선 누룩과 술 만드는 방법을 먼저 알아야 한다. 그런데 누룩을 만드는 것은 방법이 까다롭고 시간과 손이 많이 가는 일이다. 또 이렇게 만든 누룩을 이용해 술을 빚는 과정 역시 만만치 않다. 이런 과정을 거쳐 곡물식초를 만들어도 활용도가 제한적이다.

그럼 손쉽게 식초를 만들 수 있는 방법은 없을까? 다행스럽게도 발효의 원리만 이해하면 누구나 자신의 손으로 직접 담글 수 있는 게 바로 천연발효식초이다. 전통곡물식초는 나름대로 갖고 있는 고유한 천연식초로서의 가치가 있지만 산야초, 과일 발효식초는 건강 음료로서 소재마다의 다양한 맛, 향, 빛깔이 주는 풍미효과를 누리며 몸에도 좋다. 이제 누구나 쉽게 만들고 활용하기에 간편한 산야초와 과일, 채소를 발효시켜 발효의 제왕인 천연발효식초를 즐겨보자.

SPECIAL STORY
Vinegar

시판되는 식초

시판 중인 식초는 생산과정에 따라 합성식초와 양조식초로 나눈다. 합성식초(빙초산 + 물, 조미료)는 발효과정 없이 화학적 방법에 의한 석유추출 화합물로 식초가 아닌 초산이다. 유기산 없이 빙초산에 물을 첨가한 것으로 산도는 높고 가격이 저렴해서 단무지, 피클 등을 저장하기 위해 넣거나 의료용으로 사용한다. 양조식초는 주정발효한 식초(주정 + 초산균)와 곡물이나 과일을 천연발효한 식초(곡물, 과일의 알코올 + 초산균)가 있다. 시판하는 양조식초의 대부분이 100% 당화시키는 천연발효 식초가 아니라 주정발효로 만든 것이다. 주정에 약간의 당화액(현미액, 포도즙액, 사과즙액, 벌꿀 가미 등)과 미네랄을 첨가해 속성 발효한 것이다.

천연식초의 일꾼, 초산균

천연식초를 만드는 일꾼인 초산균(Acetobacter aceti)은 공기가 있는 곳이라면 어디든 존재한다. 에너지원인 알코올과 질소, 인 등의 영양물질 그리고 25~30℃의 기온과 충분한 산소가 증식과 활성의 최적조건이 된다. 식초의 완성도는 술에서 비롯된다고 할 만큼 술의 품질에 따라 성공확률도 다르다. 알코올 %농도가 높으면 식초의 산도도 높아지나 발효기간이 길어지고 알코올 농도가 낮으면 산도도 낮아지고 발효기간이 짧아져 발효 중 잡균에 오염될 가능성이 있다. 따라서 초산발효를 위한 적정 알코올 농도인 6~7% 농도를 맞추는 것이 명품 천연발효식초의 조건이다. Vinegar(식초)의 어원이 잘못된 와인이라는 의미처럼 이미 실패한 술이니 식초발효는 절대 실패할 수 없는 발효로 누구든지 천연식초를 만들어 은은한 신맛의 황홀한 매력에 젖을 수 있다.

1. 누룩(이화곡)
2. 알코올 발효를 위한 스타터용 효모를 발효액에 투입
3. 효모 사용을 위해 재수화(용해)
4. 발효과정을 관찰하기 위해 발효조 입구에 구리동전을 얹어두면 산화로 인해 청녹색으로 착색된다. 구리동전이 변색되면 식초 완성

식초, 이것만은 알고 만들자

● 효모와 효소의 최적 온도, 30~35℃

효모는 살아있는 미생물로 산소 공급 상태에서 증식하는데 포도당을 지마아제 효소로 화학 반응하여 알코올과 이산화탄소를 만들어 낸다. 10℃ 이하, 35℃ 이상에서는 효모가 생장을 멈추거나 억제되며 48℃ 이상에는 죽는다. 효소는 생물의 세포 내에서 합성되는 고분자 화합물질로 생체 내부의 모든 화학 반응의 촉매 역할을 하는 단백질이다. 효소 활성의 최적 온도는 30~40℃이다. 40℃ 이상에서는 효소의 활성이 상실된다. 따라서 발효식초를 담글 때의 최적 온도는 30~35℃이다.

● 발효식초의 성공 열쇠, 산소의 공급 및 차단 시기

발효식초 생산 과정을 살펴보면 먼저 효모를 증식시켜서 효모가 알코올을 만들게(알코올 발효) 한 뒤 다시 알코올을 분해(식초 발효)한다. 그런데 알코올 발효는 산소공급이 차단된 상태에서 이뤄져야 하지만 효모의 증식과 식초발효 과정에서는 산소공급이 이뤄져야 한다. 따라서 각 과정에 맞게 산소의 공급 및 차단을 적절하게 해주어야 명품 발효식초를 만들 수 있다.

● 초산발효를 위한 알코올 발효 적정 당도, 14~15brix

초산발효를 위한 알코올 생성 적정 당도는 14~15brix이다. 당도 결정

은 발효소재가 함유한 당도까지 함께 계량해야 한다. 일반적인 과일들을 평균하여 대략 10brix 이상의 당도를 갖고 있으므로 소재 1kg일 때 설탕 70g을 넣으면 대략 14~15brix의 당도를 얻을 수 있다.

● 초산발효를 위한 알코올 적정 농도, 6~7%

14~15brix의 당도로 알코올 발효시키면 초산균의 착상과 증식에 유리한 6~7% 농도의 알코올을 생성할 수 있다. 천연발효과정에서 초산의 농도는 알코올 농도의 약 75%가 된다. 즉 6~7% 농도의 알코올을 얻었다면 약 4~5% 정도의 식초를 만들 수 있다. 이때 발효과정에서 알코올의 증발로 산도가 낮아지면 잡균에 의해 오염될 수 있으므로 환경에 따라 탄력적으로 발효액의 당도를 계량하는 것이 좋다. 만약 알코올 농도가 높으면 자연 증발 과정을 거치며 초산발효 기간이 다소 연장될 수 있다. 농도가 낮으면 역발효 현상이 나타나 생성되었던 식초가 다시 물과 탄산가스로 분해되기도 한다.

● 알코올 발효는 15~25℃, 초산발효는 30℃

발효환경의 온도에 따라 알코올 발효와 초산발효의 기간이 차이를 보일 수 있다. 알코올 발효의 경우 15℃에서는 3~4주, 20~25℃에서는 1~2주, 30℃에서는 1주 이내 정도의 시간이 필요하다. 30℃ 이상에서는 발효가 빠른 만큼 발효가 빨리 멈추기 때문에 알코올 생성량이 적고 알코올 증발 손실이 발생하므로 15~25℃의 비교적 낮은 온도환경이 유리하다. 초산발효 과정의 적정 발효온도는 18~35℃인데 높은 온도 환경에서의 발효가 유리하기 때문에 대체로 30℃를 기준한 발효가 잘 된다.

발효액 이용해서 식초 만들기

발효액을 이용한 알코올-초산발효는 평균 40~50일 정도 걸린다. 이미 발효과정에서 당화된 발효액을 이용하기 때문에 효모가 바로 알코올 발효를 진행해서 식초 성공률이 높아진다. 만약의 실패를 예방하는 차원에서 효모를 일부 첨가하기도 하는데 제빵용 이스트나 와인 전용 효모, 생막걸리의 윗물을 사용한다. 사용 여부와 사용량은 발효 진행과 활성에 크게 영향을 미치지 않는다.

효모는 알코올 발효를 위한 스타터용 효모로 원료 대비 0.05% 정도 사용한다.
효모:온수:설탕 = 1:5:1의 비율로 재수화(용해)시켜 30~40분 정도 활성을 갖게 한 후 넣어주는 것이 유리하다.

준비하기

발효액을 이용하여 알코올 발효와 초산발효를 하려면 초산발효에 적합한 6~7% 농도의 알코올을 생성할 수 있는 적정 당도 14~15brix로 희석해야 한다. 발효액의 당도는 40brix이기 때문에 생수를 섞어 brix를 맞춰준다.

생수량 = (발효액 당도 - 희망당도) ÷ 희망당도 × 발효액량
(발효액 40brix - 희망당도 15brix) ÷ 희망당도 15brix × 발효액량 1L = 1.66L

알코올 발효하기

1. 희석한 발효액을 발효조에 넣고 1~2일간 통기상태에서 효모를 증식시킨다.
2. 발효조를 밀폐하여 이산화탄소는 배출시키고 외부의 공기는 유입되지 않게 한 뒤 20~25℃ 실내 상온상태의 그늘에서 14~21일간 발효를 진행하면 알코올이 생성된다. 전용발효조가 없으면 일반용기를 사용하되 기포와 거품 발생에 대비한 여유 공간이 있는 것으로 선택하고 입구를 비닐로 덮고 2~3개 바늘구멍을 내어 가스가 배출될 수 있도록 한다.

초산발효하기

1. 생성된 알코올을 25~30℃ 환경에서 산소공급이 원활하고 알코올 증발은 억제하도록 입구는 좁고 배가 넓은 용기에 담는다. 벌레와 먼지 유입을 막을 수 있게 한지나 천으로 덮어 25~35일 정도 통기상태의 초산발효를 진행한다. 온도가 낮거나 햇볕의 자외선에 직접 노출되면 발효기간이 연장되거나 정지할 수 있으므로 주의한다.

과일이나 채소를 소재로 한 발효는 초산균막이 두껍게 형성되는데 걷어 내거나 가라앉혀 발효액에 공기가 접촉되도록 해준다.

2. 약 3주 정도 지나면 희고 얇은 초산균막이 형성된다. 막을 깨뜨려 자주 저어줘서 공기 접촉이 유지되게 한다.

3. 대략 40~50일 후 초산발효가 완성되면 발효 중에 생성된 초막이나 불순물은 앙금처럼 가라앉고 순도 높은 식초액은 윗부분에 고인다. 윗부분의 식초액을 떠내어 숙성을 위한 별도의 용기에 담는다.

숙성하기

1. 숙성은 18℃ 이상의 온도에서 3~6개월 정도 거치면 거친 맛이 제거되고 소재 고유의 깊은 맛이 우러나오며 향미가 부드러운 명품 천연발효 식초가 된다.

2. 숙성과정에서 분해되지 않은 단백질, 펙틴 등의 물질이 침전되므로 베보자기 등을 사용해 맑게 거른 후 병입해 보관한다. 이때 장기보관을 하려면 60℃~65℃로 10분 정도 중탕 가열해 살균한다. 산도가 4% 이상일 때에는 밀봉만 하면 중탕을 하지 않아도 3년 이상 보관이 가능하다. 병입 포장 시 금속뚜껑은 사용하지 않으며 용기의 90%까지 채워 공기 접촉을 최소화해 소재 고유의 향취가 휘발되지 않도록 밀봉하고 햇빛의 자외선 접촉을 차단시켜 서늘한 곳에 보관한다.

✪ 초산균막

초산 발효 과정에서 발효 용기의 뚜껑을 열어보면 발효액 표면에 뿌옇고 희끄무리한 물질이 떠 있는 것을 발견하게 되는데 이것을 초눈이라고 부르며 발효조 안에 처음 생기는 작은 피막으로 초산균이 안착하였다는 징조이다. 초기에는 군데군데 흩어져 떠 있지만 점차 발효액 표면 전체를 얇은 막으로 덮는 초산균막을 형성하게 된다. 곡물초가 과일이나 기타 야채류를 발효하는 경우보다 얇고 희게 생성되며 곡물초에 의한 막은 흔들어 깨뜨려 주지 않아도 형성되었다가 사라져버리는데 초막이 사라지는 것은 발효가 완성되었다는 것으로 초액이 맑고 투명해지는 현상으로 확인할 수 있다. 지나치게 두꺼운 균막이 형성되는 것은 잡균에 의한 오염을 뜻하는 것이며 초산발효가 완전히 끝나면 초막은 다시 생성되지 않는다.

1. 포도발효액의 초산발효과정에서 생긴 초눈
2. 포도발효액의 초산균막
3. 곡물발효 초막
4. 오염으로 두껍게 형성된 균막

발효 건지 이용해서 식초 만들기

발효 건지에는 발효액과 분리한 후에도 발효과정에서 분해된 단당을 포함하고 있어 초산발효에 활용할 수 있는 훌륭한 소재이다.

준비하기

1. 발효 건지에 건지 무게의 70%에 해당하는 생수를 넣어 소재의 발효 성분과 당분이 우러나오도록 부드럽게 섞어준 뒤 1시간 정도 침지시키면 적정 당도 14~15brix가 된다.
2. 건지를 부유물이 발생하지 않고 탁해지지 않도록 거름포를 이용해 살며시 착즙하듯 짜거나 채에 밭쳐 건지와 발효액을 분리한다.
3. 2의 분리한 발효액을 발효조로 옮겨 담는다.

알코올 발효, 초산발효, 숙성하기

이후 알코올 발효 및 초산발효, 숙성 과정은 '발효액 이용해서 식초 만들기' 과정과 동일하다.

- **종초 관리**

종초는 새롭게 식초를 담글 때 쓰이는 종(種)이 되는 초를 말한다. 식초발효가 완성되면 중탕 가열해 살균하기 전에 종초로 이용할 양만큼 덜어내어 밀봉한 후 4℃~5℃로 냉장 보관하면 3개월 정도 사용할 수 있다. 또는 걸러낸 초막이나 건지를 종초 대용으로 사용할 수 있다.

과일 및 산야초 이용해서 식초 만들기

과일이나 산야초 등 다양한 소재를 직접 식초로 만들 수 있는데 고유한 향취를 위해 단일소재를 사용한다.

 준비하기

1. 선택한 소재의 상처 또는 훼손된 부분은 제거하고 오염 및 해독을 위해 양조식초를 희석한 물에 30여초 담가두었다 세척한다.
2. 소재를 잘게 썰거나 으깨어 가능한 액상의 과즙 상태로 만든다.
3. 초산균의 착상과 증식에 유리한 6~7% 농도 알코올을 생성할 수 있는 적정 당도 14~15brix를 맞추기 위해 설탕을 첨가한다.

   추가 설탕량 = 소재무게 × (희망당도 − 소재당도) ÷ (100brix − 희망당도)
   소재당도가 10brix라면
   소재무게 1kg × (15brix − 10brix) ÷ (100brix − 15brix) = 약 66.6g

4. 과즙 상태의 소재가 발효 중 끓어 넘치지 않도록 발효조 상부에 여유 공간을 두어 약 70%까지만 채운다.

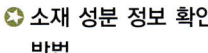 **알코올 발효, 초산발효, 숙성하기**

1. 알코올 발효용 효모를 소재무게 대비 0.05%를 넣어주고 잘 섞어준다.
2. 이후 알코올 발효 및 초산발효, 숙성 과정은 '발효액 이용해서 식초 만들기' 과정과 동일하다.

 소재 성분 정보 확인 방법

농식품종합정보시스템(koreanfood.rda.go.kr) 접속 → 〈식품영양·기능성정보〉 클릭 → 〈국가표준식품성분표〉 클릭 → 〈국가표준식품성분표 검색〉 클릭 → 식품명 명칭 검색

과즙의 액상상태가 부족하면 소재 무게의 20% 생수와 추가로 넣은 생수 무게를 포함한 전체 무게의 20% 설탕을 추가로 넣는다. 단 발효가 시작된 후에는 넣지 않는다.

Epilogue

누구나 자신에게 맞는 발효식품을
직접 만들 수 있길 바란다

나는 원래 교사였다. 교사로서 꿈꾸는 이상과 학교 현실의 상이함은 나의 몸과 마음을 지치게 했다. 먼저 당뇨가 왔고 대상포진이 뒤따랐다. 결국 학교에서 쓰러지는 일까지 벌어졌다. 병원에서 할 수 있는 거의 모든 검사를 해 보았으나 한 번 망가진 몸과 마음은 쉬 나아지지 않았다. 목마른 사람이 우물을 판다고 했던가. 그때부터 스스로 병을 치료하기 위해 방법을 찾아 나섰다. 그때 누군가에게서 발효액이 몸에 좋다는 얘기를 전해 들었고, 여기저기서 구해 먹어보았다. 증세가 호전되는 것은 아니었지만 꾸준히 먹으니 피곤이 덜하고 소화가 잘 되는 게 느껴졌다. 하지만 내게 맞는 효소발효액을 찾기도 어려웠고 비용도 만만치 않았다. 그래서 '집에서 만들어 먹을 수 없을까?'라는 생각을 하게 되었고 발효액 만드는 분들을 직접 찾아다니기 시작했다. 그 과정에서 수많은 시행착오를 겪었다.

한 번은 쇠비름(오행초)을 발효시키면서 꽤 정성을 기울여 관리했다. 그런데 어느 날 항아리 뚜껑을 열어보니 새까만 벌레들이 들어 있어 기겁을 하고 발효액을 쏟아버린 적이 있었다. 그런데 그것이 사실 벌레가 아니라 쇠비름의 도토리 모양의 씨방이 익으면서 윗부분 뚜껑이 열리며 아주 작고 검은 씨앗들이 쏟아져 나온 것임을 얼마 지나지 않아 알게 되었다.

양파발효액을 담글 때는 유기농재배 양파를 일반 양파처럼 담갔다가 곤란을 겪은 적도 있었다. 유기농재배 양파는 조직이 치밀하고 단단해 삼투현상이 잘 나타나지 않는 경향이 있는데 처음에는 이를 잘 이해하지 못했던 것이다. 그래서 큰 덩이로 썰어 담았더니 며칠이 지나도 삼투가 일어나지 않았다. 결국 양파를 꺼내 잘게 썰어 버무린 뒤 다시 담그는 수고를 겪어야 했다.

다양한 시행착오를 겪으면서 발효공부를 한 지 어느새 10년의 세월이 되어 간다. 어느 정도 발효에 대해서는 나름의 노하우가 쌓여 있다고 생각했다. 그런데 최근 커피를 발효시키면서 맛과 향을 유지시키는 것과 많은 사람들의 입맛을 맞추는 것은 또 다른 노하우가 필요하다는 것을 알게 됐다. 발효공부는 정말 끝이 없다는 생각과 도전을 하게 해주는 것 같다.

그림 퍼즐 조각을 맞추어 가듯 이리저리 옮기고 뒤집기를 무수히 반복한 뒤에 비로소 나의 것이 된 비전이 누군가에게 도움이 되기를 바라는 마음에서 명품발효 졸고를 내놓는다.

2017년 9월 김 병 열

참고문헌

강명권 **지리산 약초 장아찌**
건강식품 연구회 **식초 건강법**
구관모 **내 몸을 살리는 천연식초**
김성만 **만들고 마시고 즐기고 막걸리**
김운지 역, 카렌 번델 & 니키 호퍼 저 **식초 양말**
김율희 역, 돈 콜버트 저 **건강의 기술**
김옥분 역, 엔드류 와일 저 **자연치유**
김소정 역, 산도르 엘릭스 카츠 저 **내 몸을 살리는 천연발효 식품**
김정숙 · 한도연 **자연의 깊은 맛 장아찌**
김정환 역 쓰루미 다카후미 저 **효소의 비밀**
권대옥 **권대옥의 핸드드립 커피**
마누엘 디아즈 · 복성현 · 최소영 외 3인 **Coffee Quality Part1**
박영기 **유실수 과실 성숙과 유용성분의 변화**
상형철 **병원없는 세상, 음식치료로 만든다**
신현재 **Enzyme & Health**
안병수 역, 아베쓰카사 저 **식품의 이면**
양철학 **효소와 건강**
오수현 역, 장치청 저 **황제내경, 인간의 몸을 읽다**
원태진 편역 **미국상원영양문제보고서**
 – **잘못된 식생활이 성인병을 부른다**
윤승일 · 이문영 역, 데이비드 펄머터 저 **장내세균혁명**
이근아 역, 신야히로미 저 **병 안걸리고 사는 법**
이박행 **암을 이기는 치유 캠프 복내마을 이야기**
이신랑 **혈액형별 음식궁합**
이원종 **위기의 식탁을 구하는 거친 음식**
이풍원 **한방으로 풀어본 이야기 본초강목**
인도주의 실천 의사 협의회 **잘못 알려진 건강 상식 100**
임영빈 **약이 되는 독설**
이지현 역, 안타카 치에 저 **하루 커피 3잔**

장병두 **맘 놓고 병 좀 고치게 해주세요**
조식제 **특허로 만나는 우리 약초**
최낙언 **맛이란 무엇인가**
최 승 **한방영양학 개론**
최영하 **홈메이드 커피**
KT&G 중앙연구원 인삼연구소 김나미 · 이종원 · 도재호 · 박채규
양재원 **식물자원 발효액의 품질과 기능성에 미치는 발효기간의 영향**
하세가와 키세이 역, 유이 토라코 저 **동종요법 가이드북**
한국생약연구소 **몸에 좋은 한방 약용식물**
함규진 역, 피터싱어 & 짐메이슨 저 **죽음의 밥상**